「ガラパゴス・日本」の歪《ゆが》んだ円相場

藤井彰夫

日経プレミアシリーズ

はじめに

日本はなぜこれほどまでに為替相場に振り回され続けるのでしょうか。40年近くになる記者生活のなかで私がずっと考え続けてきたことです。

最近では2022年から24年にかけて進んだ急激な円安が大きな話題になりました。円相場は、22年初めの1ドル=115円から24年7月には一時は161円まで値を下げました。この間、日本では円安の脅威を訴える声があふれました。ウクライナ危機などに伴うエネルギー価格の高騰と、円安による輸入物価の上昇のダブルパンチで、ガソリンや小麦など日常用品のインフレに人々の不満が強まり、その「元凶」が円安とされたのです。

日本政府は円安に歯止めをかけるため、22年以降は累計24・5兆円の円買い・ドル売りの為替市場介入を実施したほか、ガソリン・電気・ガス料金を引き下げる累計10兆円を超す補助金や定額減税などの対策に動きました。円安が進むのは、日本銀行が長期にわたって金融緩和を続け、金利の高い米国との金利差が広がっているためだとして、日銀に利上げを求める声も上がりました。

時を少し戻してみましょう。民主党政権下の2011年10月に円相場は一時1ドル＝75円32銭と、ドルに対し戦後最高値を付けました。08年のリーマン・ショック後の米国の積極的な金融緩和や、10年に深刻になった欧州債務危機などで、当時は安全資産、避難通貨とみなされていた円の買いに弾みがつき、急激な円高が進みました。この時は収益が悪化した輸出企業から悲鳴が上がるとともに、円高で国内のデフレが悪化するとして政府・日銀に対策を求める声があがりました。政府は円売り・ドル買いの為替市場介入を実施し、日銀も金融緩和に動きました。しかし、円高の勢いは止まらず、12年末の衆院選で日銀に積極緩和を求める安倍晋三氏率いる自民党が政権に復帰する遠因になりました。

こうみてくると、この10年余りの期間をとっても、日本は円安になっても、円高になっても大騒ぎしているようです。なぜ日本はこうも為替相場に振り回され続けるのでしょうか。私だけでなく多くの方々がそんな疑問を持っているのではないでしょうか。本書では為替相場が今後、円高に進むのか、円安に進むのかという予想は示していません。そのかわりに、なぜ日本は主要先進国の中では珍しいほど為替相場に振り回されるのか。その背景にある日本の特異性を歴史も振り返りながら解き明かそうと試みました。

「ガラパゴス現象」あるいは「ガラパゴス化」という言葉を聞いたことがあるでしょうか。日本の製品やサービス・技術が国内市場で独自の発展をとげた結果、国際標準との互換性がなくなり、世界市場で競争力を失う現象を揶揄した言葉です。

「ガラパゴス」は南米エクアドルの西側、赤道直下の太平洋に浮かぶ火山群島です。19世紀に英国の自然科学者チャールズ・ダーウィンが進化論の着想を得た場所として名前が知られるようになりました。「ガラパゴス化」というのは、孤立した自然環境でゾウガメ、イグアナなどの生物が独自の進化をとげたこの島の生態系になぞらえた表現です。

私も20年以上前にガラパゴスを訪れたことがあります。白く美しい砂浜、様々な魚が泳ぐ透き通った海、恐竜を小さくしたようなイグアナ……。映画ジュラシック・パークのような別世界に心が躍ったことを今でも覚えています。

突然、ガラパゴスの話を持ち出したのは、日本人の為替相場についての向き合い方が、海外とはずいぶん異なり、どんどん「ガラパゴス化」しているように感じているからです。この本のタイトルもいろいろ思案したあげく「『ガラパゴス・日本』の歪んだ円相場」としました。読み進めていただくとその意味するところがわかっていただけると思います。

本書は仕事や投資などで、ふだんから為替相場に親しんでいる方だけではなく、為替相場になじみのない方にもなるべく読みやすいような説明を心がけました。それでも専門的な話が多くなってしまいますので、難しいところは飛ばして興味のある章だけ読んでいただいても結構です。それでは日本と円相場の謎を解き明かす旅に出かけましょう。

目　次

はじめに　3

第1章　「令和のブラックマンデー」をどう読むか
――為替に翻弄され続ける日本

サマータイム・ブルース　17
パウエル発言も円売り材料　21
円キャリー取引の終焉　23
よみがえるブラックマンデーの記憶　25
犯人探し、日銀がスケープゴートに　27
兆候は4週間前から　34

円安投機をたたきつぶす　39
米国の「了解」を得る　42
植田ショック　45
今度は岸田ショック　48
為替に振り回され続ける日本　51

第2章　都市伝説①「円相場は米国が決める」——日米交渉化した為替相場

米国が一方的に通告した「1ドル＝360円」　56
ニクソン・ショック　59
日米通貨外交の始まり　62
プラザ合意の衝撃　64
ルーブルの実験　72
日本たたき激しく　74

ルービン財務長官登場　76
「弱い日本」が世界経済のリスクに　78
「サマーズ訪日」のスクープ　80
総裁会見やり直し事件　83
「ミスター・ドル」の大規模介入　85
中国が新たな標的に　88
最後のＧ７協調介入　89
大規模介入求めた財務次官　91
日本の介入、名指しで批判　92
介入なき時代　94
トランプ氏と為替相場　95
トランプ再登場　98
「通貨外交」は幻想？　103
「市場で決める」が主流に　105

第3章　都市伝説②「円相場は日銀の金融政策で決まる」
——為替との距離に悩む中央銀行

アベノミクス、円高修正が成功体験に　113
「黒田ライン」はあったのか　118
日銀と為替相場の因縁　119
円高論者・速水総裁　121
白川総裁の苦悩　123
為替に非対称だった黒田日銀　128
中央銀行のトラウマ　130
中央銀行と為替の距離　134

第4章　都市伝説③「円相場は通貨マフィアの腕しだい」
——進化する介入大国

日銀総裁の条件　141
通貨マフィアの起源　145
ガラパゴス的進化の為替介入　148
覆面介入　152
口先介入も進化　153
「3者会合」の誕生　154
政治家も為替に関心　158
介入に限界はあるか　162
為替介入は必ず勝つか　164
財務官のジレンマ　168

第5章　都市伝説④「円相場は実体経済を反映する」
――だが市場は常にいきすぎる

場況記事はむずかしい　175
ファンダメンタルズって何だ？　178
為替相場の決定理論　181
流行がある注目指標　183
経済指標記事の裏側　184
重要なのは米国要因　188
為替は何で決まる　190
循環論と構造論　192
相場のストーリーが重要　193

第6章　円相場の「脱ガラパゴス」への道はあるか

「貿易国家」だからか　199
「円の国際化」進まず　200
アジア共通通貨も幻に　203
なぜいつも為替で困るのか　204
間違っているのは為替相場か　206
改革は挫折の歴史　209

あとがきにかえて　214

参考文献　220

写真提供：日本経済新聞社

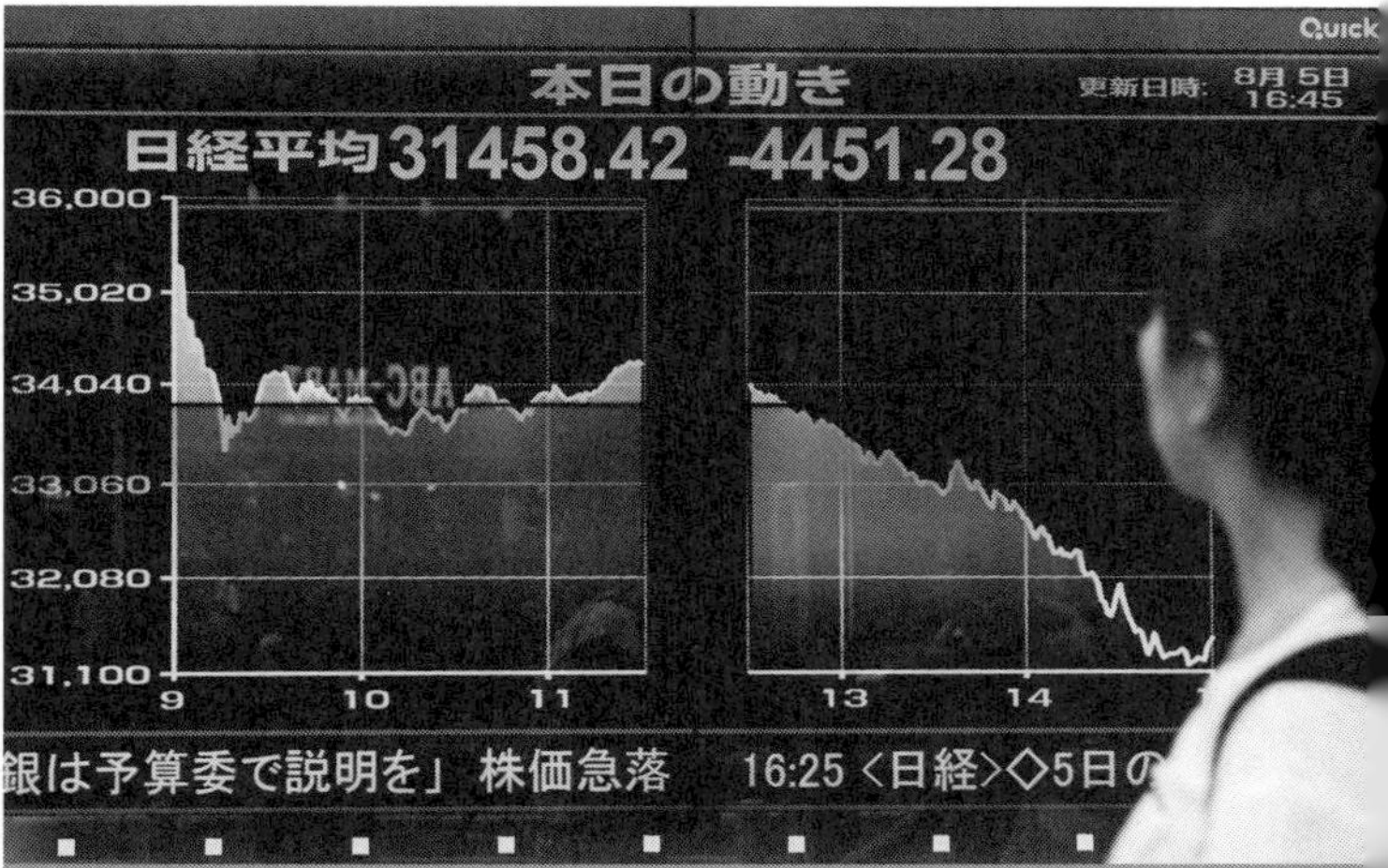

第1章 「令和のブラックマンデー」をどう読むか

——為替に翻弄され続ける日本

サマータイム・ブルース

Sometimes I wonder What I'm a gonna do
But there ain't no cure For the summertime blues
（俺はどうすればいいのか、時々頭を抱えてしまう
だが、救いなんてないのさ 夏の日のブルース〔憂鬱〕には）

「サマータイム・ブルース」は米ロック歌手、エディ・コクランの名曲です。１９５８年、彼が19歳のとき「世の中に夏の曲はたくさんあるが、夏の苦労を歌った曲はなかった」ことに気づき、マネージャーとともに45分ほどで書き上げたとされています。コクランはその2年後に交通事故で世を去りましたが、この曲はザ・フー、ビーチボーイズ、ＲＣサクセションなどにカバーされ歌い継がれています。

この名曲のタイトルが、２０２４年10月に公表された国際通貨基金（ＩＭＦ）の国際金融安定性報告（ＧＦＳＲ）の一節に使われました。それは24年夏に起こった日本発の市場の急

図表1-1　令和のブラックマンデー時の株価と円相場

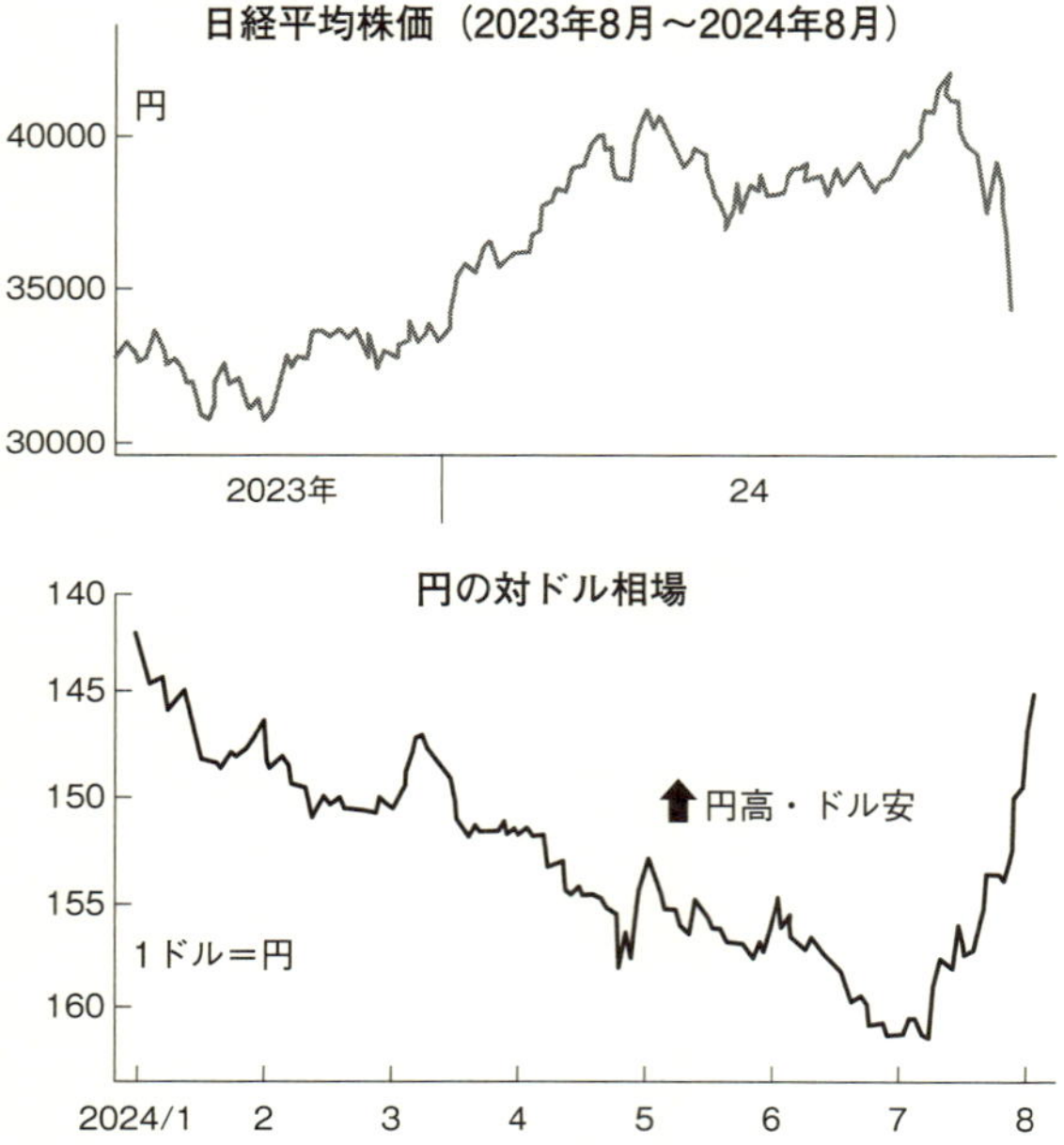

変動についてでした。

2024年8月5日月曜日、日経平均株価が前日比4451円安と過去最大の下げ幅となる暴落を記録しました。これは1987年のブラックマンデー（暗黒の月曜日）と呼ばれる米株価暴落翌日の日経平均の下げ幅（3836円）を大きく超えるものでした。

それは日本銀行から始まりました。5日前の7

月31日、日銀が政策金利を0~0・1%から0・25%へ引き上げることを決めるとともに、段階的な国債購入の減額に踏み切りました。3月にマイナス金利政策の解除など異次元緩和政策に終止符を打ったのに続く、金融政策の「正常化」に向けた措置です。

植田和男日銀総裁は31日の記者会見で次のように語りました。

「先行きの経済・物価、金融情勢次第だが、現在の実質金利が極めて低い水準にあることを踏まえると、経済・物価の見通しが実現していくとすれば、それに応じて引き続き政策金利を引き上げ、金融緩和の度合いを調整していくことになる」

これは日銀が今後も段階的に利上げをしていく方針を示したもので、利下げを検討している米国とあわせて、日米の金利差が縮小するという見通しを持つ市場関係者が多くなりました。これは潜在的に円高・ドル安要因になります。記者会見前は1ドル＝152円台だった円相場は会見後に150円台に上昇しました。

植田総裁は「先行きの経済・物価、金融情勢次第だが」と前提条件をつけたのですが、市場はこの発言で日銀は追加利上げに積極的だと受け止めたのです。

1年に8回ある日銀の政策決定会合後の総裁の記者会見は、為替相場に影響を与える注目イベントの一つです。日本経済新聞社の電子版をはじめとしたネット配信で生中継されており、総裁のリアルタイムの一言一言に市場は敏感に反応します。メディアも速報で総裁発言のヘッドラインを刻々と伝えます。

余談になりますが、私は日銀総裁の記者会見の発言を最初に速報ニュースに流した記者の一人でした。今から40年近く前の１９８５年。私は入社してすぐに日銀の記者クラブに配属になりました。当時は新聞の電子版どころか携帯電話もインターネットもない時代です。新聞記者の仕事は、記者会見が終わってからゆっくり記事を書いて翌日の朝刊にその記事をのせるというのが通常の流れでした。しかし、世の中では金融取引の自由化、国際化が進み始め、市場関係者用にリアルタイムでニュースを提供するサービスが登場してきました。日経の日銀担当記者も関連会社の市況情報センター（現ＱＵＩＣＫ）向けに速報ニュースを流すよう求められたのです。

最初は為替、債券、株式など市況ニュースが中心でしたが、市場に影響を与える日銀総裁の記者会見での発言も速報がほしいということで、当時駆け出し記者の私がそれを担当することになったのです。85年9月には日米欧の主要5カ国（Ｇ５）がドル高是正で協調を決めた「プラザ合意」があり、急激な円高・ドル安が進みました。日銀総裁の発言にもがぜん注目が集まり、私は会見終了後にすぐ速報ニュースに流すようになりました。当時は携帯電話もない時代でしたから、会見が終了すると日銀本店の総裁会見室から固定電話がある別棟の記者クラブまでダッシュして、電話で記事を送ったのを覚えています。

パウエル発言も円売り材料

話を「令和」に戻しましょう。

2024年7月31日の日銀総裁会見後にも円買い材料が続きます。日本時間の8月1日未明（米東部時間7月31日午後）には、米国の中央銀行の連邦準備理事会（FRB）の政策決定会合終了後にパウエル議長の記者会見がありました。この会合では金融政策の変更はしなかったのですが、パウエル氏は会見で「経済がインフレ目標2％に向かって着実に進んでいるという確信が高まれば、次回会合で利下げが検討される可能性がある」と述べました。この発言は、9月の利下げ開始を示唆したものと市場では解釈され、会見直後からドル売り・円買いが加速しました。

これを受けた8月1日の東京市場では、一時、1ドル＝148円台まで円高が進みました。さらに翌2日の東京市場では、円高による日本企業の収益悪化懸念から日経平均株価は大幅続落し、前日比2216円安の3万5909円で取引を終えました。これはこの時点では1987年のブラックマンデー翌日に次ぐ、史上2番目の大幅な下落でした。

そして8月2日午後9時30分（米国東部時間午前8時30分）に発表になった米国の7月の雇用統計で、注目される非農業部門雇用者数は前月比11・4万人増と、市場予想の17・5万人増を下回りました。失業率も4・3％と前月の4・1％から市場の予想を上回って上昇しました。雇用統計は為替市場で最も注目される経済指標の一つです。この結果、「雇用の悪化を受けて、FRBが9月の政策決定会合で4年半ぶりに利下げに踏み切る、しかも通常の幅の2倍の0・5％利下げもあり得る」という予想が広がったのです。

雇用統計や消費者物価指数、国内総生産（GDP）など市場が注目する経済指標については、民間のエコノミストが事前に予測数値を発表します。市場関係者は実際に出た数字がこの予測を上回ったか、下回ったかで売買の判断をするのです。重要なのは事前予測とのズレがどれくらいあるかです。株式市場でも、企業の決算が増収増益でも、事前の予測を下回ったので失望売りが出るといったことがよくあります。

雇用統計とは別に、8月2日の米株式市場では「インテル・ショック」も起こりました。インテルが前日発表した4―6月期決算で最終赤字と1万5000人の人員削減、配当停止などを発表したのです。2日の取引でインテル株は前日に比べ約26％の急落、売りの波は他のハイテク株にも及びました。米株価上昇をけん引してきた人工知能（ＡＩ）ブームの先行きへの不安も出て、市場では「リスクオフ（リスク回避）」の動きが広がり始めたのです。

円キャリー取引の終焉

この一連の政策決定、経済指標や企業業績の発表で、これまで「円キャリー取引」とよばれる円売りを膨らませていたヘッジファンドなどの投機筋が、円売りポジションを閉じる、つまり円買いに動いて、円が急騰しました。

為替市場の記事で「円キャリー取引」という言葉がよく出てきます。「キャリー取引」というのは、金利の低い通貨で資金を調達して、その資金を金利が高い国の資産に投資して利益をねらう取引のことです。金利の低い円で資金を調達して、円よりも金利の高いドルなどの通貨の資産に投資する取引を「円キャリー取引」と言います。この過程で円を外貨に交換する取引で円売りが発生するのです。

実際に1人の投資家やファンドが円を借りて、外貨に投資しているという取引だけでなく、日本の金融緩和による低金利の長期化を見越した日本の生命保険会社や年金基金など機関投資家の外債、外国株投資なども広義の円キャリー取引に入るという指摘もあります。日本と外国の金利差の拡大を見込んで円売りポジションを膨らませていく取引を「円キャリー取引」と総称している場合が多いようです。

「円キャリー取引」の巻き戻しは、日本の金融緩和、低金利の長期化と、米国の引き締め長期化にかけた投機の円売り・ドル買いの巻き戻しということになります。

このマグマが大爆発したのが8月5日の月曜日でした。円相場は一時1ドル＝141円台と約7カ月ぶりの円高水準まで上昇しました。7月上旬には一時161円台をつけていたので、わずか1カ月で20円も円高が進んだことになります。

円売りポジションの解消とともに、「円安継続→日本企業の収益増→日本株高」というシナリオで買われていた日本の株式市場でも売りが膨らみました。午前9時の取引開始直後から全面安となり、約15分で日経平均株価の下落幅が2500円を超えました。その後買い戻しの動きが出て、午前の終値は前週末比1662円安の3万4247円まで戻しました。ところが午後の取引が始まると売り注文が加速、売りが売りを呼ぶパニック状態になり、午後2時20分頃には日経平均の下落幅は4700円に達しました。結局午後3時の終値は3万1458円。下げ幅は前週末比4451円と過去最大となる歴史的な一日になりました。この暴落は「令和のブラックマンデー」と呼ばれるようになりました。

よみがえるブラックマンデーの記憶

「ブラックマンデー」という言葉に私は特別な思いがあります。今から40年近く前の1987年10月19日に私はニューヨークで株価暴落の現場に居合わせたからです。

その日、ニューヨーク株式相場は午前の取引開始直後から急落しました。米軍によるイランの石油施設の攻撃という中東での軍事的緊張が原油価格の高騰を招き、それが株売り材料になりました。昼前には一時持ち直す場面もありましたが、午後になると市場はパニック売り一色で、ダウ工業株30種平均は508ドル、下落率は22％と、大恐慌時の1929年10月

日本経済新聞 夕刊

日米欧で株暴落

東京、2000円超す下げ

NY、最大の508ドル

東証、大半は値つかず

米債券・貴金属が急騰

30年物国債は10%割る

日本経済新聞 8月6日 火曜日

日経平均4451円安

下げ幅ブラックマンデー超え

円高・株安が共振

米景気不安、引き金

31458.42
-4451.28

過去最大

ブラックマンデー時と令和の暴落時の日経の記事

24日のブラックサーズデー（暗黒の木曜日）の12%を超える大暴落となりました。

私は当時、金融市場を担当していました。株式取引終了後に日本経済新聞社の米州総局では緊急会議が開かれ、この株価大暴落をどう報道するか、各記者の分担を打ち合わせました。会議を主催したのは兜町やウォール街の取材歴も長い証券部出身のベテラン・デスクでしたが、その人も歴史的な株価暴落に興奮を隠せない様子でした。その場の記者の誰もがこんな大暴落は初めての経験だったからでしょう。

会議の結果、私は株式以外の外国為替、商品市場の動きをまとめる記事を担当することになりました。10月20日付の日本経済新聞夕刊の1面には「米債券・貴金属が急騰、30年物国債は10%割れ」という見出しでその記事は掲載さ

図表1-2　過去の日経平均の下落幅ランキング

順位	年月日	日経平均終値	下落幅（率）
1	2024年8月5日	3万1458円	4451円（12.4%）
2	1987年10月20日	2万1910円	3836円（14.9%）
3	2024年8月2日	3万5909円	2216円（5.8%）
4	1990年4月2日	2万8002円	1978円（6.6%）
5	1990年2月26日	3万3321円	1596円（4.5%）
6	1990年8月23日	2万3737円	1473円（5.8%）
7	2000年4月17日	1万9008円	1426円（7.0%）
8	1991年8月19日	2万1456円	1357円（6.0%）
9	1990年3月19日	3万1263円	1353円（4.1%）
10	2016年6月24日	1万4952円	1286円（7.9%）

れました。株暴落を受けて安全資産とみなされた米国債、金など貴金属の価格が急騰したことを報じたのです。

株価暴落時に安全資産にお金が逃げることを「質への逃避」（Flight to Quality）と呼ぶこともこの時に学びました。

私はその後、経済記者として日本の株式バブル崩壊や米国のIT（情報技術）バブル崩壊、リーマン・ショックなど様々な株価暴落局面に立ち会うことになりましたが、その最初が87年のブラックマンデーでした。

犯人探し、日銀がスケープゴートに

令和に話を戻しましょう。2024年8月5日の株価暴落の直後から早速犯人探しが始まりました。まずやり玉にあげられたのが、前週に政策金利を引き上げた日銀でした。

暴落の翌日の6日午前、国会は閉会中でしたが、自民党の浜田靖一、立憲民主党の安住淳両国会対策委員長が国会内で会談し、植田日銀総裁を招いて衆院財務金融委員会の閉会中審査を8月中に開くことで合意しました。安住氏は会談後、日銀の政策金利引き上げについて「政策的に間違っているという話ではないが、これまでと違う金利ある社会の見通しをきちんと日銀総裁に話してもらうのがいい」と日銀に説明責任を求めました。

6日午後3時には、財務省、金融庁、日銀の幹部が国際金融資本市場に関する情報交換会合（3者会合）を緊急に開き、市場動向について協議しました。1日に就任したばかりの財務省の三村淳財務官は、会合終了後に「市場参加者の声を聞くと、軟調な経済指標を背景とした海外景気の悪化懸念や地政学的な緊張の高まりなどを背景に、世界的に急速なリスク回避の動きがあったとの見方がある」と、この間の相場変動について説明。為替相場については「ファンダメンタルズ（経済の基礎的条件）を反映して安定的に推移することが重要」と指摘しました。

6日の株価は前日の暴落から反発に向かい、日経平均株価は前日比3217円高の3万4675円と10％上昇して終わりました。この上昇率は歴代4位で、連日の荒い値動きになりました。株暴落の翌日に、ひとまず株安に歯止めがかかったことで、首相官邸をはじめ政策当局者たちはひとまず胸をなでおろしました。

翌7日には日銀の内田真一副総裁が予定されていた北海道函館市での講演で、市場に安心を与えるメッセージを送ろうとしました。内田氏は「当面、現在の水準で金融緩和をしっかりと続ける必要がある」「金融資本市場が不安定な状況で利上げをすることはない」と言明、日銀が株式市場の状況などを無視して機械的に利上げに向かうという見方を打ち消そうとしたのです。特に「金融資本市場が不安定な状況で利上げをすることはない」というフレーズは株価暴落を受けて講演前に急きょ付け加えたものです。

日銀は株価暴落には複合的な要因があり、日銀の利上げが主因ではないと判断していましたが、利上げ決定前の市場などとのコミュニケーションが十分ではなかったという負い目がありました。金融市場では2024年中には追加利上げがあるという予想はありましたが、必ずしも7月会合で実施するという見方が優勢ではありませんでした。サプライズの政策変更を好んだ黒田東彦前総裁とは異なり、23年4月に発足した植田体制の日銀は、政策変更前には総裁や副総裁が講演などで変更を示唆する地ならしの発言をしてきました。

特に2024年3月のマイナス金利解除、異次元緩和の終結の際は次のように丁寧な発信をしました。

まず2月8日、内田副総裁は奈良市での講演でマイナス金利解除後の金融政策運営に踏み込んで発言しました。

「仮に（翌日物金利が0~0・1%で推移していた）マイナス金利導入前の状態に戻すとすれば、現在の翌日物金利はマイナス0・1~0%なので、0・1%の利上げになる」「仮にマイナス金利を解除しても、その後にどんどん利上げをしていくようなパスは考えにくく、緩和的な金融環境を維持していく」

2月22日には植田総裁が国会の参考人質疑で物価見通しについて「23年までと同じような右上がりの動きが続くと予想している」「（日本経済は）デフレではなくインフレの状態にある」などと述べ、マイナス金利解除の条件が整いつつあることを示唆しました。さらに2月29日には高田創審議委員が講演で「（物価2%目標の達成が）ようやく見通せるようになってきた」とさらに踏み込み、市場に政策変更のシグナルを送ったのです。

ところが7月の追加利上げでは、そうした事前の地ならしで政策変更を市場に織り込ませることができませんでした。内情を調べると必ずしも日銀がさぼっていたわけではなく、そうしたうまいタイミングがなかったということのようです。

日銀の総裁や副総裁、審議委員は好きな時に出てきてメディアの前などで話をすることはありません。事前に政策変更を示唆するには講演や国会の参考人招致、政策決定会合後の定例会見などの場を使うしかありません。6月13〜14日の政策決定会合から、利上げを決めた7月30〜31日までの期間は、たまたまこうした講演などの機会がなかったのです。通常国会も6月23日に閉会してしまい、植田総裁が参考人として金融政策について質問を受けることもなくなりました。これが日銀にとって不幸だったのかもしれません。

お盆休み明けの8月23日に、植田総裁や鈴木俊一財務相を呼んだ国会閉会中審査が開かれました。議員からは8月5日の「令和のブラックマンデー」の背景についての質問が相次ぎましたが、この時点では閉会中審査の実施を決めた時の熱気は冷めていました。前日22日の段階で、日経平均株価は3万8000円台と暴落前の水準を回復、一方、円相場は1ドル＝

閉会中審査での植田和男日銀総裁（つのだよしお/アフロ）

１４５円前後と超円高は修正された水準でした。政治家からみれば特に問題視するような市場の状況ではなくなっていたのです。この国会出席のため、植田総裁は同じ時期に米国のワイオミング州で毎年開いている中央銀行関係者らが集まる「ジャクソンホール会議」への出席を断念せざるを得なくなりました。パウエル米連邦準備理事会（ＦＲＢ）議長らと直接意見交換する機会が失われたのは残念なことです。

国会で植田総裁は、日銀の7月末の利上げ決定後に内外で起きた市場の乱高下は「米国の景気減速懸念が急速に広がったのを機に、世界的なドル安や株価下落が進んだことが大きかった」と分析し、足元の株価回復について「(日本企業の決算発表で）企業収益力が評価された面もある」と述べました。

株価暴落直後の「金融資本市場が不安定な状況で利上げをすることはない」という内田副総裁の発言についても聞かれ、植田総裁は「市場の大きな変動時には極めて高い緊張感を持って注視する。そのなかでの（内田氏の）発言は適切だった」として「金融政策運営の考え方について私と副総裁の間で違いはない」と強調しました。

植田総裁は表向きにはこう答えましたが、関係者によると、内田氏の発言をやや勇み足と受け止めていたようです。短期的な市場の変動で日銀が政策スタンスを変えたという印象を与えてしまったことがあります。また日銀の金融政策が株式市場の変動に常に左右されると思われるのも中央銀行としては避けたいところです。

米国で1980年代後半に「グリーンスパン・プット」という言葉が生まれました。株式相場が大幅に下落したときは、米連邦準備理事会（FRB）が金融を緩和して市場を下支えしてくれるという市場参加者の期待を意味します。前述の87年の米株価暴落（ブラックマンデー）の際に、当時のグリーンスパンFRB議長が市場への資金供給を約束したあたりから始まりました。

グリーンスパン氏は1998年の大手ヘッジファンド経営破綻や新興市場国の通貨危機の際も迅速な利下げで市場を救いました。しかし、常にFRBが助けてくれるという神話（グリーンスパン・プット）が、2008年のリーマン・ショックにつながる米住宅バブルを生み出したという批判もあります。

その後も後継のFRB議長の名前にちなんでバーナンキ・プット、イエレン・プット、パウエル・プットなどの言葉も生まれましたが、グリーンスパン・プットほどは有名にはなりませんでした。中央銀行にとって市場の安定は重要ですが、市場に優しすぎると別の問題を引き起こしかねません。金融政策の難問を示す言葉だと思います。

兆候は4週間前から

「令和のブラックマンデー」にいたる兆候は、その4週間ほど前にあらわれていました。

約1カ月前の2024年7月上旬、円相場は1ドル＝161円台後半とおよそ38年ぶりの安値まで下落しました。4年前の20年3月には102円台だったのでわずか4年で60円近く値を下げたのです。米商品先物取引委員会（CFTC）によると、7月2日時点でヘッジ

図表1-3　CFTC統計円売りポジションの推移

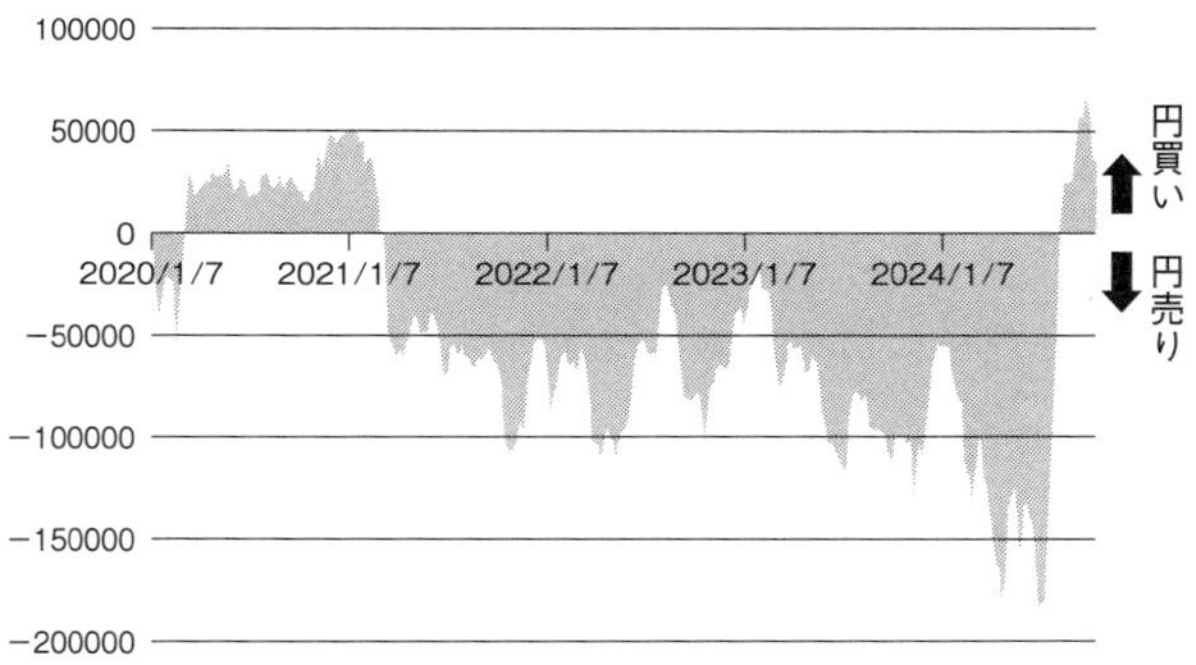

（出所）米商品先物取引委員会（CFTC）集計

ファンドなど非商業部門円売り持ち高は18万4223枚とおよそ17年ぶりの大きさにまで膨らんでいました。7月上旬以降、円相場は160～161円の超円安の水準が定着するかにみえました。しかし、この時円安投機は頂点に近づいていたのです。

7月11日日本時間午後9時半、市場で注目される6月の米国の消費者物価指数（CPI）が発表になりました。総合CPIは前年同月比3・0%上昇、エネルギーと食品を除くコアCPIは同3・3%上昇で、いずれも市場予想を下回りました。

市場では、物価上昇率が鈍化しインフレの心配が薄れたとして、FRBが9月にも利下げを始めるとの見方が広がりました。その結果、米長期金利は大幅に下がり、日米金利差の縮小を意識したドル売りが進みました。指標発表前には1ドル＝161円台だった円相場は直後に160円台半ばまで上昇しました。ここまでは経済指標への反応ですが、その後、相場には不自然な動きが出ました。しばらく159円前後の水準でもみあった後に急速にドル安・円高方向に振れ、円相場は30分ほどで6月中旬以来の157円台と一気に4円強も急な値上がりをみせたのです。

「市場介入に違いない」。市場では米CPI発表にあわせて政府・日銀がドル売り・円買い介入に踏み切ったという観測が広がりました。CPIの発表で米国の利下げへの転換が近づいたとの見方が広がり、ドル売り・円買いが出やすくなった環境に乗じて「ここぞチャンス」と介入に踏み切り円の反転を後押ししたのです。

同日夜、財務省内で記者団に囲まれた神田真人財務官は「介入の有無についてはコメントする立場にない」と述べるにとどめました。財務官は国際問題を担当する財務省の次官級ポストで為替介入の指揮官にあたります。

ここで外国為替市場での介入について説明しておきましょう。為替介入とは、為替相場の

財務省内で取材に応じる神田真人財務官（右端）（共同）

急激な変動を抑え安定させるために、通貨当局が外国通貨を売買することを言います。正式名称は「外国為替平衡操作」で、日本では為替介入は財務相の権限で実施します。介入は財務省所管の「外国為替資金特別会計」（外為特会）の資金を使います。実際の通貨の売買の実務は、財務相の指示で日本銀行が代理人として実施することになっています。政府が、円高が急激に進みすぎたと判断した時は、円売り・外貨買い介入を、円安の場合は円買い・外貨売り介入をします。

翌7月12日にも新たな動きが続きました。日本時間午前8時20分過ぎ、日銀から民間金融機関に円の対ユーロ相場の水準をたずねる「レートチェック」が入ったのです。

為替介入は財務省財務官と国際局為替市場課長というラインが指揮しますが、前述したように実際に売買実務を手掛けるのは日銀です。その日銀が外国為替取引をする民間銀行にレートを照会するのがレートチェックです。当局が介入準備に入ったことを示すもので、それが市場に伝わるだけで投機的取引をけん制する効果もあります。

レートチェックの情報はすぐ市場をかけめぐり、円は対ユーロで1ユーロ＝173円台前半から一時171円台後半に上昇、対ドルでも159円台半ばから157円台後半まで急上昇しました。政府・日銀はレートチェックが効かなければ、対ユーロでも円買い介入をする準備を進めていましたが、介入には至りませんでした。

さらに12日の日本時間午後10時過ぎには158円台後半から157円台前半まで1円以上、ドル安・円高が進みました。6月の米卸売物価指数（PPI）の発表後に、政府・日銀が再度の為替介入を実施したのです。

図表1-4 円買い介入の仕組み

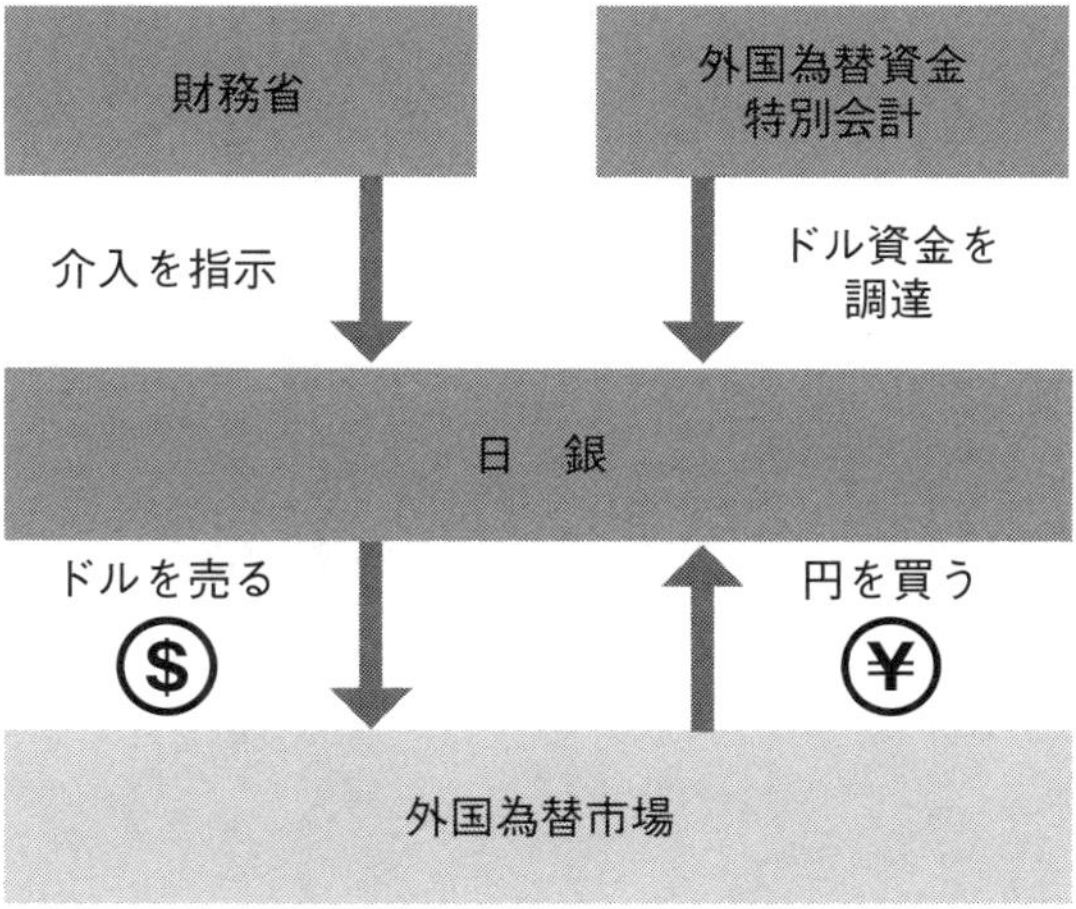

円安投機をたたきつぶす

財務省は為替介入を実施した場合は、月末に過去１カ月分の介入額を公表することになっています。７月31日、財務省は６月27日から７月29日までの期間に総額５兆５３４８億円の為替介入を実施したと発表しました。この介入は７月11、12日の両日に実施されたものです。

「このまま放置すれば円は底抜けして１ドル＝２００円まで行ってしまうかもしれない」。そんな危機感から政府・日銀は円安投機を徹底的にたたきつぶす市場介入に踏み切ったのです。当時の神田財務官は介入の有無を語らないいわゆる「覆面介入」で、大量の円買いを実施しました。介入の事実をその時点で公表しなくても月末には介入があったことは明らかになるのですが、即座に明かさないことで市場の疑心暗鬼を呼び、介入の効果をあげることをねらったのです。11日夜の米国取引時間帯での対ドル円買い介入、翌12日の日本の早朝時間帯の対ユーロでのレートチェック、12日夜の米国取引時間帯での対ドル再介入という「波状攻撃」でした。

「(7月11~12日の)この時点で勝負はついた」と当時の事情をよく知る政府幹部は振り返ります。一般には8月5日の令和のブラックマンデーで円安投機が一服したと理解されていますが、実際は7月中旬の為替介入と投機筋の攻防で勝負はついていたということです。

円売り投機をしかけていたヘッジファンドなどの投資家は、この円安の巻き戻しで巨額の損失を被りました。兆円単位の損失を出し、ファンドが閉鎖されたり運用責任者が退任に追い込まれたりする例もありました。

神田氏は後のインタビューで「円を売ろうとするポジションを持っていた人たちには非常な損失を結果として被らせてしまったかもしれない。日本経済、特に普通に暮らしている家計、そして企業の人たちが投機によって、ファンダメンタルズから離れた投機、過度な変動により本来(損失を)被るべきではない。被った場合には是正をしなければいけない」(2024年6月19日、テレビ東京のインタビュー)と語っています。

日本は先進国の中では為替市場介入が特に多い「介入大国」です。なぜそうなってしまったのかは後述しますが、その指揮官である財務省財務官は、為替が大きく変動するとメディアに四六時中追いかけ回されることになります。今回の円安局面で介入にあたった神田氏は財務省きっての論客で為替市場への発信力も抜群でした。

為替介入には段階があります。まずは言葉で市場をけん制し相場を反転させようとする「口先介入」です。例えば今回の円安局面では鈴木財務相や神田財務官は「過度な相場の変動は望ましくない」から「円安」に具体的に言及するなど相場の動きにあわせて少しずつ発言を変えていきました。主要7カ国(G7)財務相・中央銀行総裁会議の共同声明に為替表現を入れてもらうことで、G7として総意で今の為替変動は好ましくないというメッセージを出すこともあります。

口先介入が効かないと、いよいよ実際に外貨を売り買いする「実弾介入」へとステージは上がります。ここで財務官らが頭を悩ませるのが、介入する外貨を発行する国への通告です。日本の介入は圧倒的に対米ドルなので、米政府にどう伝えるかということになります。

米国の「了解」を得る

よその国が相場誘導をねらって相手国の通貨を売買することになるので、相手国の「事前了解」は望ましいのですが、現在の米国は基本的には市場介入には慎重な立場です。その米国をどのように説得して介入を支持、あるいは消極的でも容認、黙認させるかは日本の財務省、介入の指揮官である財務官の腕の見せ所になります。

話を少し前に戻しましょう。

「最近の急速な円安・ウォン安への日韓の深刻な懸念を認識し、外国為替市場の動向について引き続き緊密に協議する」。2024年4月17日、米国の首都ワシントンで日米韓の初の財務相会合が開かれました。鈴木俊一財務相とイエレン米財務長官、韓国の崔相穆（チェ・サンモク）経済副首相兼企画財政相が出席した会合終了後に発表された共同声明には円安、ウォン安への懸念が盛り込まれました。

同席した財務省の神田真人財務官は記者会見で「こういった文書はおそらく史上初めて

ジャネット・イエレン米財務長官（ロイター/アフロ）

だ。米国も含めて円安・ウォン安への懸念を共有するということは最近はなかった」と成果を強調しました。円安への日本の問題意識について米国の理解を得られているかとの問いには「各国当局とは常に議論している。日本の為替を含めた経済、金融・為替市場の状況についてはしっかりと意思疎通をしている」と説明しました。

神田財務官が「意思疎通」する相手は米財務省のジェイ・シャンボー次官（国際担当）です。国際担当の米財務次官は、日本の財務省の財務官に相当する役職で、主要7カ国（G7）、20カ国・地域（G20）の財務相会議の舞台回しをする財務相代理であり、いわゆる「通貨マフィア」の仲間です。米国との為替介入をめぐる調整は、為替問題だけではなく国際金融・経済問題で取引をしながら進める厳しい「通貨外交」の最前線とも言えます。

日米韓財務相会合からおよそ1週間後の4月25日、イエレン米財務長官が口を開きました。ロイター通信とのインタビューで、為替介入は「極めてまれで例外的な場合に限る」と述べたうえで、「まれに、過度の変動があった場合にのみ、事前に協議したうえで行われる」と語りました。この発言は、日本を名指ししたわけではなく「市場が決定する為替レートを持つ大国」について語ったのですが、日本が念頭にあることは明らかでした。同時に円の対ドル相場がファンダメンタルズ（経済の基礎的条件）から外れた動きかとの問いについては「日本やほかの通貨についてコメントするつもりはない」と明言を避けました。

イエレン長官の発言は、日本が4月のG7、G20、日米韓財務相会合など一連の国際金融会議で「円安への懸念を共有できた」（鈴木財務相）として市場介入への準備を進めているとみられるなかでの発言でした。

この発言は市場介入の準備をしている日本にとっては微妙なものです。介入は「極めてまれ」ということは基本的にイエレン氏は介入はあまりしてほしくないということです。また

「過度な変動があった場合のみ、事前協議して行われる」という発言は、日本がドルを売買する際は、米国に断らずに勝手にするなという意味です。こうみるとイエレン氏は日本の介入をけん制しているようにも見えますが、日本側から都合よく解釈すれば、「相場が過度に変動した場合は例外的措置として、米国と事前協議すれば介入してもよい」と解釈できるのです。

そして、日本の介入の時はすぐにやってきました。

植田ショック

イエレン氏の発言の翌4月26日、為替市場に「植田ショック」が走りました。同日の金融政策決定会合で日銀の政策変更はなかったのですが、植田和男総裁の不用意ともいえる発言で円安が加速したからです。総裁は記者会見で、為替市場で進む円安について、基調的な物価上昇率への影響が現時点で無視できる範囲にあるかとの問いに「はい」と答えてしまったのです。総裁としては円安の物価への影響の現状分析を素直に答えたにすぎないのだと思いますが、円売り材料を探している為替市場には火に油を注ぐようなものでした。

そして日本はゴールデンウィーク入りしました。4月29日月曜日、日本は「昭和の日」の祝日で、世の中は完全に連休モードでした。しかし、財務省・日銀の為替介入部隊は稼働していました。日本の祝日でもアジアなど海外の為替市場は取引しており、特に円の実需取引が少ない日本の休日は、わずかな取引でも値が大きく振れがちです。この日も朝方は1ドル＝158円台だった円は午前10時半過ぎに一時160円台と34年ぶりの円安・ドル高水準まで売られました。午後1時過ぎ、政府・日銀は市場介入に踏み切り、相場は乱高下しましたが、夕刻には154円台まで回復しました。

介入は5月1日の米国の取引終了から2日の東京の早朝にかけても実施されました。その後の発表で明らかになった介入額は4月29日は5兆9185億円で1日当たりの円買い介入規模としては1991年4月以降では最大、5月1日は3兆8700億円でした。

為替介入からおよそ1週間後の5月7日、植田日銀総裁が官邸に岸田文雄首相を訪ねました。首相と日銀総裁は定期的に会合を開いています。今回もその一環とされていましたが、植田総裁の発言や為替介入があったばかりなので、市場関係者の注目が集まりました。

会談終了後、記者団に取り囲まれた植田氏は次のように述べました。

「大きな政策変更をした後なので、その後の経済・物価・金融情勢について意見交換した」「経済・物価に潜在的に大きな影響を与え得るものなので、最近の円安については日本銀行の政策上十分注視をしていくことを確認した」。総裁は、岸田首相からの具体的な発言内容については「一般的な経済物価情勢に関する意見交換だった」とだけ答え、詳細は明かしませんでした。

関係者によると、この会談で岸田首相から植田氏に、最近の日銀の金融政策変更や総裁の発言への具体的な注文はなかったそうです。政府としては「市場とのコミュニケーションは丁寧に」と言いたかったのだと思いますが、そうしたことはすでに財務省などを通じて日銀には伝えられており、総裁と首相の会談は儀式のようなものでした。ただ、こうした会談は政府と日銀が密接に意見交換をしており、過度な円安阻止に一枚岩であることを市場関係者に示す好機と当局者は考えています。

米財務省は6月20日、半期ごとに公表する外国為替政策報告書で、為替操作をしていないかの「監視リスト」に1年ぶりに日本を加えました。これは原油価格の下落で今回の対象期間の2023年に日本の経常黒字が形式基準（GDP比3％以上）を上回ったためで、日本の最近の円買い為替介入を批判するものではありませんでした。日本についての記述では「大規模で自由に取引される為替市場では、非常に特殊な状況にのみ介入が適用されるべきであり、適切な事前協議が必要だ。日本は為替操作について透明性があり、毎月の為替介入を定期的に公表している」とこれまでのイエレン財務長官の発言と基本は同じで、日本の介入を容認するものでした。

神田財務官は、シャンボー財務次官とやりとりしながら、日本の円買い・ドル売り介入を実現させました。24年は米国は大統領選の年ということもあり、何でも政治問題化しやすくなるリスクはありましたが、今回の日本の介入は「極めてまれなケース」ということで米国とすりあわせることに成功したといえます。

今度は岸田ショック

8月5日の「令和のブラックマンデー」から9日後、今度は政界に激震が走りました。

岸田文雄首相が8月14日午前、首相官邸で急きょ記者会見し、9月に予定する自民党総裁選に立候補しない意向を表明したのです。派閥の政治資金問題などによる国民の不信がおさまらず再選は難しいと判断したのです。

日本の歴代政権は為替や株式の市場に翻弄され続けましたが、岸田政権も同様です。首相の就任時の2021年には1ドル＝110円台だった円相場は、24年7月には一時161円台と50円超も円安・ドル高が進みました。

一方で株価は堅調でした。政権発足時は2万8000円だった日経平均株価は、24年2月に34年ぶりにバブル期につけた史上最高値の3万8915円を突破し、7月には初めて4万2000円台まで上昇しました。岸田首相が就任した21年10月から退任表明時までの日経平均株価の上昇率は28％。歴代首相（データのある鳩山一郎政権以降）の在任期間中の上昇率では7位になります。岸田政権は、貯蓄から投資を促す「資産運用立国」を掲げ、少額投資非課税制度（NISA）を拡充しました。

24年春闘では平均賃上げ率（連合集計）が5・1％と33年ぶりの高い伸びになるなど、経済の先行きに明るい芽も出ていました。しかし、物価上昇に賃金上昇が追い付かず、名目賃金から物価変動の影響を除いた実質賃金はマイナスが続き、多くの国民がなお生活は苦しいと感じていました。それが「政治とカネ」の問題と相まって岸田政権の支持率低下につながったのです。

岸田政権は何とか実質賃金をプラスにしようと、ガソリンや電気代引き下げへの補助金や定額減税を打ち出しましたが、いずれも評判は今一つでした。9人が立候補した自民党総裁選を経て、岸田首相の後任に石破茂氏が就きましたが、直後の10月27日の衆院選では、自民・公明の与党で15年ぶりに過半数を割るという大敗を喫し、日本の政局は不安定になってきています。この2年ほどの急激な円安進行もその一因かもしれません。

これまでみてきたように、令和のブラックマンデーには、日銀の利上げ以外に、米国の利下げへの転換見通し、米雇用統計の悪化、米ハイテク株安などに伴う円売りポジションの巻き戻しなど様々な要因があるのですが、日銀がスケープゴートにされた印象です。私は株価暴落は円の為替取引が起点で、「超円安バブルの崩壊」が本質だったと考えています。

「2024年に入って円安が日米金利差で説明できなくなった。その時これは円安バブルだと思った」。40年以上為替市場を見つめてきたマネックス証券の吉田恒氏（チーフ・FXコンサルタント）はこう話しています。20年以降の円安局面はほぼ日米金利差の拡大に連動していましたが、24年、とりわけ5月以降はそれだけでは説明できない動きになってきたといいます。「金利差と無関係に円安バブルが暴走し、7月に161円をつけ、円買い介入でバブルが破裂した」と吉田氏は分析しています。

為替に振り回され続ける日本

ここまで2024年8月の「令和のブラックマンデー」についてくわしく紹介したのは、このエピソードには日本がこの半世紀近く為替相場に振り回され続けてきた様々な要素がつまっていると思ったからです。それは大体以下のような点です。

①日本は円高でも円安でも苦しんできた
②円相場の安定には米国の意向が影響する
③円相場は株式相場と並び海外投資家の投機にさらされやすい
④日本は為替介入大国である
⑤日本の中央銀行は為替相場への感応度が高い
⑥政治リーダーは為替相場への感応度が高い

「超円高」「超円安」といった言葉が生まれるように、円相場が常に日本に困るように動いているように見えるのはなぜでしょうか。なぜ日本はこれほどまでに為替相場に振り回されるのでしょうか。次章からは、いくつかの「円相場をめぐる都市伝説」について解説していこうと思います。

ジャネット・イエレン米財務長官（右）と鈴木俊一財務相（2022年7月12日）（AP/アフロ）

第2章

都市伝説①

「円相場は米国が決める」

——日米交渉化した為替相場

前章では2024年8月の「令和のブラックマンデー」と呼ばれる市場の変動を材料に、円相場をめぐる様々なプレーヤーやそれを動かす要因をみてきました。

この章以降はしばらく、為替市場に大きく影響する事象にまつわる「都市伝説」とその「虚実」についてみていきます。

まずは「米国」です。円相場というとほとんどの人が「1ドル＝140円」というように円の対ドル相場を思い浮かべます。欧州との貿易にかかわっている人は「1ユーロ＝160円」、中国ビジネスをしている人なら「1人民元＝20円」などと考える人もいるかもしれませんが、大多数の人は円・ドル相場が為替相場だと思っているのではないでしょうか。

これは米ドルが貿易や資本取引の基準になる国際基軸通貨であることと同時に、歴史的にみた日本と米国との政治・経済の結びつきの強さによるものだと思います。力が衰えてきたとはいえ世界一の軍事・経済大国で基軸通貨国の米国の経済状況や金融・財政政策は為替相場に大きな影響をおよぼします。

前章でもみてきたように、日本の財務省は為替市場介入をする際には、米国の財務省の「了承」を得ることが慣例になっています。もう少し詳しく説明すると、日本の為替介入については米国に「情報共有」はするが、必ずしも了承が必要なわけではないというのが日本の財務省の公式な立場です。ただ、米国に表立って介入に反対されると介入の効果もうすれるのでやはり「事前了承」が望ましいのです。介入だけでなく、G7財務相・中央銀行総裁会議の共同声明などでの為替相場をめぐる文言調整でも、基軸通貨ドルを持つ米国の発言権は絶大で、米国との意思疎通は不可欠です。

このため、日本では円相場は「日米交渉で決まる」と思っている人もいるのではないでしょうか。為替相場は市場の需給で決まるのですが、そんな「都市伝説」が生まれるのも理由があります。かつて日米政府間の取り決めで相場が決まったことがあったからです。

米国が一方的に通告した「1ドル＝360円」

第2次世界大戦の終結から5年もたたない1949年4月24日、日本の新聞各紙は海外通信社電をもとに「1ドル＝360円」の単一為替相場が決まったことを報じました。敗戦国の日本は米国の占領下で、GHQ（連合国軍総司令部）からの一方的な指令で「1ドル＝360円」は、翌25日から適用されました。それまでは国際競争力のある綿製品は270円、

池田勇人蔵相と握手するデトロイト銀行総裁のジョセフ・ドッジ氏（左）（横浜港）＝1950（昭和25）年10月7日（共同）

生糸は420円、競争力の弱い工業製品の板ガラスは600円と複数の為替相場が採用されていましたが、それが一本化されたわけです。

全体としては円安気味の360円を歓迎する声のほうが多かったようです。この円ドルの固定相場は、日本の輸出主導の戦後復興を助けました。

当時は1949年1月にGHQ経済顧問に就いたジョセフ・ドッジ氏（デトロイト銀行頭取）が、「ドッジ・ライン」と呼ばれるインフレ抑制のための経済緊縮策を主導していた時期でした。後に首相になる池田勇人蔵相の秘書官をしていた宮沢喜一氏（元首相）は回顧録『戦後政治の証言』で当時の事情を次のように記しています。

「4月2日のドッジ・池田会談の折、ドッジが仮に1ドル＝330円とすれば、という話をしたことがあった。それに対して池田蔵相は、それは非常につらい、どんなにからくみても350円でしょうか、という意味の答えをしている」

これは、「1ドル＝360円」の発表の前に、ドッジ経済顧問と池田蔵相の間で新しい円相場の瀬踏みをしていたということです。ただ宮沢氏は「私たちの感じでは、厳しいドッジ予算が発足しても、半年ぐらい様子をみなければ効果はわからない。だからレートの問題は(昭和)24年(1949年)下半期のことだろうと考えていた」と証言しており、この会談から3週間後に「360円」を通告されるとは思っていなかったようです。

その後の研究・調査などによると、ドッジ氏は1949年3月時点では「1ドル＝330円」の単一レート案を固めていましたが、その後、本国の米政府がNAC(国家諮問委員会)などで検討した結果、330円は円の過大評価なので360円にするよう勧告、最終的に360円になったということです。4月2日にドッジ氏が池田蔵相との会談で示唆した「330円」というのはドッジの腹案だったのです。

ドルと金の交換停止を明らかにするニクソン米大統領（1971年8月15日）（AP/アフロ）

日本経済は戦後復興から高度成長期に入ります。日本は１９６８年には、国民総生産（ＧＮＰ）で西ドイツを抜いてアメリカに次ぐ世界２位の経済大国になりました。このころになると、３６０円という円相場は日本経済の実力からみて明らかに円安水準でした。日本は60年代後半には大きな貿易収支黒字を記録するようになり、主要貿易相手国の米国と通商摩擦が厳しくなっていきました。

ニクソン・ショック

そして衝撃は突然やってきました。１９７１年8月15日、米国のニクソン大統領が「新経済政策」を発表、その中で「1トロイオンス＝35

図表2-1　「金・ドル本位制」の崩壊

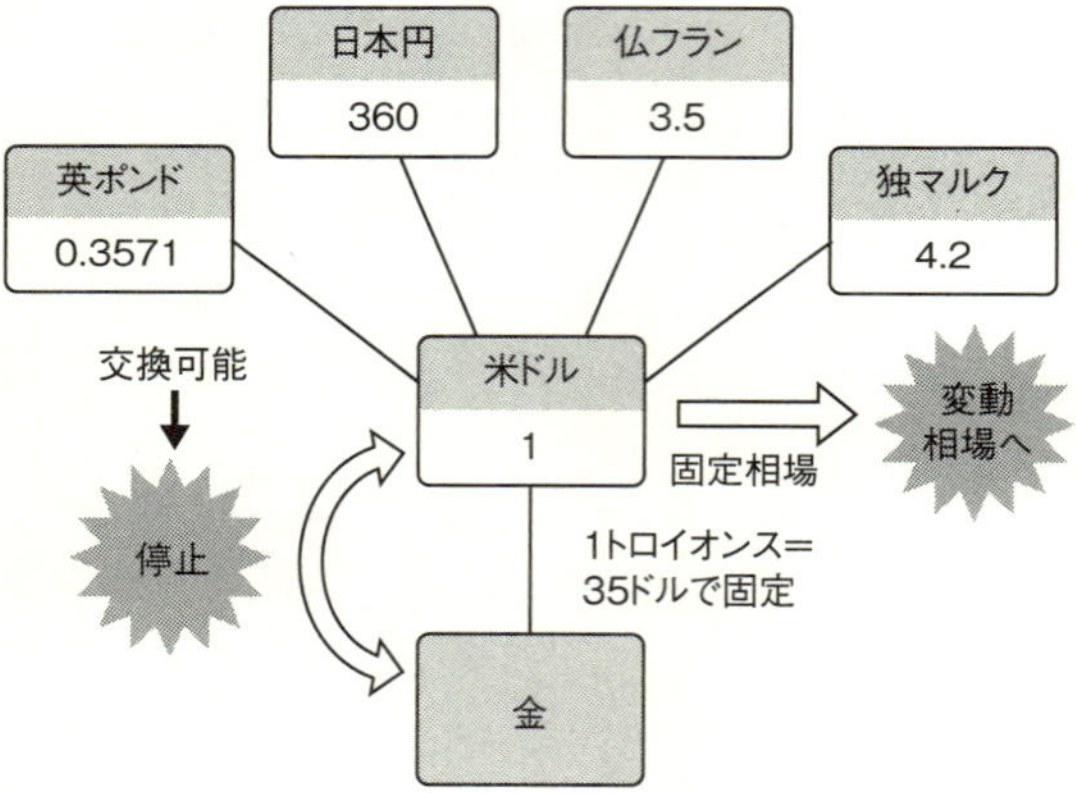

（出所）日本経済新聞電子版

ドル」でのドルと金の交換を停止することを明らかにしました。当時は米国が金とドルの固定相場での交換を約束することで、各国がドルと相場を固定する「金・ドル本位制」という国債通貨の仕組みでした。ニクソン大統領が発表したドルの金への交換停止は、「1ドル＝360円」の固定相場の崩壊を意味するものでした。日本では「ニクソン・ショック」と呼ばれる出来事です。

ニクソン・ショックは、ブレトンウッズ体制とよばれた戦後の国際通貨の仕組みを大きく変える事件であり、日本を含む世界経済に大きな影響を与えました。

ニクソン大統領の決定も、1949年の1ドル＝360円の固定相場決定の時と同様に事前には知らされず、日本政府にとっては「寝耳に水」でした。「1ドル＝360円」の導入も終焉もいずれも米国からの一方的な通告だったのです。戦後の高度成長期を体験した世代の人々にとっては、この米国の一方的通告による「円切り上げ」は衝撃的な記憶として残りました。

ニクソン大統領は、金ドル交換停止と同時に、米国の輸入への10％の課徴金を導入しました。増え続ける米国の貿易赤字を減らすためですが、当時は日本の産業界は、通貨制度の変更より、この輸入課徴金のほうに強く反応したようです。この「劇薬」発動の根拠となった法律は、第1次世界大戦中の1917年に制定された敵国通商法（Trading with the Enemy Act＝TWEA）でした。TWEAは1977年制定の国際緊急経済権限法（International Emergency Economic Powers Act＝IEEPA）に引き継がれました。国家の緊急事態に際し広範な権限を大統領に与えるIEEPAは、その後は米国の経済制裁の法的根拠に使われるようになりました。

トランプ氏が大統領選中に掲げた「中国製品への60％の関税や、その他の国・地域への10

～20％の一律関税」もこのＩＥＥＰＡを根拠にするのではないかという見方があります。トランプ流とされる同盟国も対象にした貿易での一方的制裁措置の源流は「ニクソン・ショック」にあったのです。

日米通貨外交の始まり

ニクソン・ショック後に、世界の為替相場は変動相場制に移行しましたが、いったんは固定相場制に戻そうという動きもありました。ニクソン大統領の金・ドル交換停止発表の４カ月後の、１９７１年12月、米国の首都ワシントンのスミソニアン博物館でＧ10（主要10カ国）蔵相会議が開かれ、固定相場の再設定で合意したのです。

金１トロイオンス＝38ドルの水準で多角的な通貨調整を実施し、固定相場制を維持することが決まりました。「スミソニアン協定」と呼ばれるもので、ドル相場を切り下げて「金・ドル本位制」の延命をめざすものでした。円や欧州主要国通貨の対ドル相場は切り上げられ、新しい円・ドル相場は「１ドル＝３０８円」に決まりました。この時、日本は初めて米国との交渉で円ドル相場を決めたのです。新協定の成立に伴い、前述の輸入課徴金は撤回されました。

当時、水田三喜男蔵相とともにコナリー米財務長官ら米政府との交渉に当たった柏木雄介・大蔵省顧問は当時の交渉を次のように振り返っています。

「(円の切り上げ幅を) 水田蔵相に17%を提案したら、『かつて井上準之助が17%の切り上げをして暗殺されたことがあるから、17%はよくない。俺は死にたくない』とおっしゃる。それではと知恵を絞って1ドル=308円、切り上げ率16・88%にした。これでようやくアメリカとも合意した。(中略) それまでわれわれは長らく1ドル=360円の世界で仕事をしてきて、公式にも非公式にもレート調整を交渉する経験がなかったので、大いに苦労したが、戦後25年にして日本はようやく国際金融の表舞台に登場したわけである」(『柏木雄介の証言・戦後日本の国際金融史』)。

「井上準之助の17%切り上げ」というのは戦前の世界大恐慌時の1930年に、日本が1917年に離脱した金本位制に復帰した際の、金と円の交換レートが円の17%切り上げだったことを示しています。この円高水準での金輸出解禁を断行した井上蔵相は、その後、暗殺されてしまいます。水田蔵相は井上と同じ円切り上げ幅は縁起が悪いと考えたのでしょう。

スミソニアン協定では、為替相場の急激な変動時には各国の金融当局・中央銀行が協調介入することでも合意しましたが、うまくいきませんでした。柏木氏は1972年末に大蔵省顧問を退きましたが、その後米国に円の再切り上げを打診された政府から意見を聞かれた際に、次のように答えたと言います。「308円で頑張るのは難しいが再切り上げも難しい。結局フロート（変動相場制）しかないかもしれないが、単独フロートは望ましくないので、他の主要国もフロートにするならそれを受け入れる、というところではないか」（前掲書）

柏木氏の読み通り、1973年2月にはドルは完全変動相場制に移行したのです。

プラザ合意の衝撃

「プラザ合意」は、60歳以上の昭和世代の日本人にはなじみのある出来事ではないでしょうか。1985年9月22日。ニューヨーク・マンハッタンの高級ホテル「プラザ」に日米欧の主要5カ国（G5、日本、米国、西ドイツ、フランス、イギリス）の蔵相・中央銀行総裁が秘密裏に集結し、ドル高是正の政策協調で合意しました。これが「プラザ合意」として国際金融史に残る事件です。日本からは後に首相になる竹下登蔵相、澄田智日銀総裁、大場智満

プラザ合意の記者会見。中央がジェームズ・ベーカー米財務長官、一番右が竹下登蔵相（1985年9月22日）（AP/アフロ）

財務官が出席しました。この会議は開催されることも極秘だったので、竹下氏がメディアなどをあざむくためにゴルフに出かけるといって実際に成田空港の近くのゴルフ場でプレーしてから空港に向かったのは有名な話です。

会議が始まってからメディアにニューヨークでの会合開催と終了後の記者会見の案内があり、皆が何が起きているんだと色めき立ちました。

記者会見に姿を現した各国蔵相・中央銀行総裁はG5としての共同声明を発表しました。G5はこれまで非公式な会合として国際通貨基金（IMF）・世界銀行年次総会などの機会に開かれていましたが共同声明など記者発表はありませんでした。プラザ合意はG５（後にG７）の「通貨マフィア」が初めて表舞台に出てきた出来事ともいえるのです。

共同声明には①貿易不均衡の是正策として（円、西独マルクなど）主要非ドル通貨の対ドルでの秩序ある上昇が望ましい②経常収支黒字国（日本、西独）は内需拡大、米国は財政赤字削減の努力③保護主義に抵抗する——などが盛り込まれました。この合意を受けてG５各国はドル高是正のためドル売り協調介入を実施しました。

この合意の背景には米国の１９８０年代前半からの高金利政策に伴うドル高がありました。米国は財政収支と貿易収支の「双子の赤字」を抱え、日本や西ドイツなどとの貿易不均衡が政治問題化していました。それまでの国際会議などでも米国の高金利政策に伴うドル高に日欧などは懸念を示していましたが、介入や政策協調といった具体的な行動には至っていませんでした。プラザ合意はそれを実現する画期的な試みだったのです。

この合意の立役者は、米レーガン政権の2期目の１９８５年2月に、大統領首席補佐官から財務長官に転じたジェームズ・ベーカー氏でした。

弁護士出身で豪腕のベーカー氏のねらいは、対米貿易黒字を膨らませている日本と西ドイツとの不均衡の解消でした。特に日本の自動車、家電などの対米輸出が急拡大し、米国の貿易赤字問題といえば「日本問題」とも言われるほど両国の通商摩擦は厳しさを増していました。前述した1ドル＝３６０円に固定相場を決めた時点では想像もつかないほど日本経済が強くなり米国の競争相手に浮上したということです。米議会では貿易赤字削減のために保護主義を求める声が広がっており、ベーカー氏はこれを抑えるために為替調整を選択したのです。日本も日米貿易摩擦が激しくなるなかで、為替調整で貿易黒字を減らせば米国の批判を和らげることができるだろうという目算がありました。当時、大蔵省財務官として会議を準備した大場智満氏は「欧州は最初からこれは日本と米国の問題だと決めていた」（史談録＝旧大蔵省・財務省幹部の口述歴史記録）と振り返っています。

ベーカー氏の呼びかけに応じたのが、将来の首相を狙う有力政治家の竹下蔵相でした。竹下氏の回顧録（『証言　保守政権』）によるとプラザ合意の3カ月前の東京での10カ国（G10）蔵相会議の際に、ベーカー氏と長時間にわたり協議し、日米貿易摩擦を解決するにはドル高・円安の是正が必要との見解で一致しました。その具体策としてベーカー氏は「財政金融というマクロ政策を転換する」ことで米国の輸出増、日本の輸入増を図るべきだと主張したのに対し、竹下氏は「為替相場がファンダメンタルズ（経済の基礎的条件）を反映していない時は日米の協調介入が有効」と指摘したそうです。米国が日本の財政・金融政策を重視し、日本は為替介入を求めるというその後の日米通貨交渉のパターンの「原型」がすでにこの時に姿をあらわしていたのです。

プラザ合意の共同声明には盛り込まれませんでしたが、G5はドルを対円で10％から12％の幅で切り下げることを目指し協調介入を実施しました。合意時に1ドル＝240円程度だった円の調整目標は214～218円だったはずですが、1年後には150円台まで円高・ドル安に進んでしまいました。竹下氏は「協調介入の中心になったのは日米独の3国で、英仏両国は手持ちの外貨が少ないので補助的役割にとどまった」（前掲書）と振り返っています。

実は、1985年初めに1ドル＝254円台だった円・ドル相場は、プラザ合意時点では240円台とすでにドル高のピークは過ぎ、相場の基調は変わり始めていたのです。「ボールがすでに坂道をおりかかっていた。それを上から蹴っ飛ばしたようになって、当然のことながら、ボールはまさに急坂を転がり落ちることになった」。これは当時、大蔵省国

図表2-2 プラザ合意後の円相場の推移

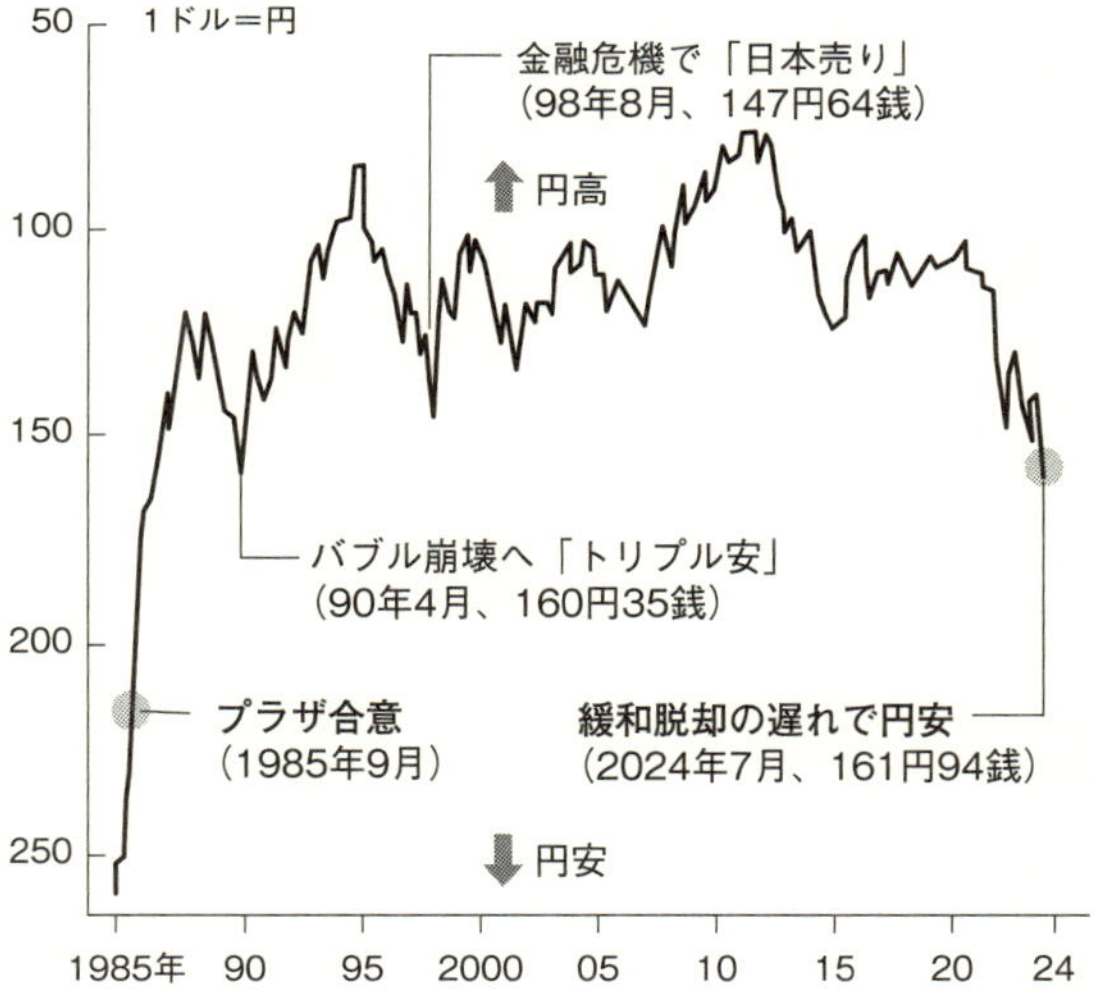

際金融局長だった行天豊雄氏の証言（史談録）です。

このように、プラザ合意のドル高是正効果は絶大で、はずみのついた相場の勢いは止まらず、すぐにドル安のいきすぎが問題になるようになりました。特に急速に円高が進んだ日本国内では、プラザ合意の評価が一転しました。当初は日本も米欧と組んでドル高是正の国際協調に乗り出す、先進国の通貨外交の重要なプレーヤーとして認知されたという高揚感があったのですが、しだいに急激な円高で輸出産業を中心に国内からは悲鳴が上がるようになります。

以下は再び行天氏の回想です。「プラザ合意が成功して、ドル高・円安が改善された。おそらくこれで黒字も減って、対日批判も減るだろう。よくやった、万歳という感じがあったが、こういういわば戦勝ムードというのは極めて急速に消え去り、年末にはこの調子で円高が進んで本当に大丈夫かなというふうに変わり、年が明けてさらに円高が進むと、戦勝ムードは一変して円高警戒論になっていった」(史談録)

プラザ合意の立役者の一人の竹下蔵相もこう振り返っています。「私は220円になったときは『よくやった』といわれ、200円になると『あれっ』といわれた。180円までくると『けしからん』といわれるようになり、ついに160円になったとき友人たちから『命に気をつけろよ』とからかわれた」(前掲書)。金解禁時の井上蔵相、スミソニアン協定の際の水田蔵相、そしてプラザ合意の竹下蔵相、皆が円高への調整の際は「命がけ」の覚悟でのぞんだのでした。

当時駆け出し記者で日銀記者クラブにいた筆者は、プラザ合意の当初は、為替調整で日本の貿易黒字はどれぐらい減るといった日銀の非公式の試算を聞いて記事にしたりしていたのですが、それからまもなくして新聞紙上では「円高不況」という言葉が飛び交うようになったことを記憶しています。

これがその後40年近く繰り広げられる日米間の「円高狂騒曲」そして「円安狂騒曲」の始まりではないかと思います。1970年代のニクソン・ショックやスミソニアン協定の時も同じような議論はありました。しかし、当時はまだ米国に圧倒的な力があり交渉というほどのものではなかったのですが、プラザ合意のころになると、日米の間でも厳しいやりとりが始まったのです。

プラザ合意から10カ月後の1986年7月、蔵相が竹下登氏から宮沢喜一氏に交代しました。宮沢氏は、1ドル＝360円の固定相場決定の時から日本経済を眺めてきた経済通の有力政治家で、かねてプラザ合意に批判的でした。蔵相就任直後に宮沢氏は主計局長、主税局長、国際金融局長など大蔵省の幹部を呼びこう叱責しました。「プラザ合意の際に、どこまで円高にするかということまでしっかりと決めないでやったことが失敗だったのではないですか」（当時の内海孚《まこと》国際金融局長の回想＝史談録）。

その後、宮沢蔵相は円高に歯止めをかけるためにベーカー米財務長官と直談判に及びましたが、なかなか成果があがりません。１９８６年10月には「円ドルの為替調整は今や現在の経済のファンダメンタルズ（基礎的条件）と概ね合致」という日米共同声明を出すことはできましたが、円高是正までは進みませんでした。円の上昇は続き、政府・日銀は円売り・ドル買いの為替市場介入で防戦しましたが、87年1月には円相場は１５０円を突破しました。プラザ合意時からの円の上げ幅は90円を超えたのです。

ルーブルの実験

米国もしだいにドル暴落や金融市場への悪影響を懸念するようになり、１９８７年2月にはG５にカナダとイタリアを加えたG７蔵相・中央銀行総裁会議で、行き過ぎたドル安の是正で合意しました。この会議はパリのルーブル美術館で開かれたので「ルーブル合意」と呼ばれました。この合意が画期的だったのは日米欧で事実上の目標相場圏（ターゲットゾーン）に合意したことです。

この合意も、プラザ合意と同様に米国のベーカー財務長官が主導的役割を果たしました。当時、大蔵省財務官で交渉にあたった行天氏は、法律家出身のベーカー長官は市場の無秩序な状態は好まず、米国主導の新しい経済秩序をつくる手始めに「為替相場について何とか安定の枠組みをつくろうということになった」と回想しています（史談録）。欧州ではもともと目標相場圏に好意的なフランスも同調しました。

ルーブル合意は画期的でしたが、結局、相場圏に収めるための市場介入や政策協調は機能せず、事実上この合意は立ち消えとなっていきます。「率直にいって、法律家らしくなく、詰めが非常に弱かったというか、十分ではなかった」と行天氏は振り返っています。そしてその後も、日本の貿易黒字などに注目した円買い・ドル売りが続き円高傾向が続くことになります。

レーガン政権の次のブッシュ政権（第41代）になると米国は為替調整よりも、日本の国内経済構造を問題視し始めます。これが日米構造協議（ＳＩＩ）という2国間協議につながっていきます。

プラザ合意後の金融政策については別の章で詳しく解説しますが、日米協議の焦点は当初の金融政策から、しだいに日本の規制改革や市場開放、公共投資拡大などに焦点が移っていきました。

日本の1980年代のバブル生成はプラザ合意後の金融緩和の長期化が原因とされることが多いですが、SIIに伴う公共投資拡大も地価バブルを招く原因になったとみられます。

1990年代に日本のバブルが崩壊すると、日米間の為替問題は、通商摩擦というよりもっと複雑な様相を見せていきます。特に日本の株式・不動産バブルの崩壊で、金融機関の不良債権問題が深刻になってからは、日本経済のリスクをどう管理するかに焦点が当たるようになりました。

日本たたき激しく

それは1993年に発足したクリントン政権の日本への対応に象徴されます。経済重視を掲げて誕生したクリントン政権は、東西冷戦終結後の平和の配当をもとに経済のグローバル化を推進する一方で、ソ連崩壊後の最大のライバルは「日本」という想定で動き出しました。

第1期政権では、ミッキー・カンター米通商代表部（USTR）代表を先頭に、自動車などの市場開放や規制緩和など構造改革を迫りました。この過程ではドル安・円高を容認するような発言で為替問題を脅しに使うこともありました。

当時、財務省財務官だった中平幸典氏はこう振り返ります。「冷戦終結に伴う東西ドイツ統合でドイツも貿易赤字になり、G7の中で黒字国は日本だけになりました。しかも、米国の貿易赤字の6割以上が対日赤字という状況でした。まさに米国の貿易問題は『日本問題』だったのです」（史談録）

この時期、日本は戦後政治の大きな転換期にありました。1993年7月の衆院選では与党・自民党が大敗、過半数割れとなり、野党8党による連立政権が誕生、戦後の経済発展を支えた自民党一党支配が終焉しました。最後の首相は蔵相時代にプラザ合意後の円高に翻弄された宮沢喜一氏でした。それから日本の政治は不安定な時期を迎えます。連立政権を率いた細川護熙首相は1年ももたずに退陣、次の羽田孜政権も短命に終わりました。1994年には野党・自民党が仇敵の社会党と組むという「奇策」で社会党党首の村山富市氏が首相の自社さきがけ連立政権が誕生。さらに96年1月には村山氏が辞任、自民党の橋本龍太郎氏が首相の座を奪還しました。クリントン政権1期目（93年1月〜96年1月）で日本の首相は5人を数えたのです。

そしてクリントン政権の2期目になり、米国の為替政策に大きな変動がありました。米国は金・ドル本位制を放棄した1971年のニクソン・ショック以降、すでに説明したプラザ合意なども含め、しばしば貿易不均衡是正のために為替相場をドル安に誘導したり、通商交渉でドル安容認を脅しに使うなど、通貨を交渉カードとして使ってきました。一方で米国の財政赤字が膨らみ国際金融市場の自由化が進むなかで、米国経済の信用力低下でドル暴落のリスクも指摘されるようになりました。

ルービン財務長官登場

1996年1月に始まったクリントン政権の2期目に財務長官に就任したロバート・ルービン氏は「強いドルは国益」という路線を掲げました。同時に「為替相場を通商政策の道具にしない」とも述べ、貿易不均衡解消のためのドル安誘導も封じました。基本は「為替相場は市場が決めるもので、市場介入は例外的措置」という最近のイエレン財務長官にも通じる米国の為替政策の基本方針が固まったのです。西暦で紀元前をBC（Before Christ＝キリスト生誕前）と記しますが、米国の為替政策はルービン財務長官の登場前をBR（Before Rubin）と称してもよいぐらい変わったと思います。

ロバート・ルービン米財務長官とビル・クリントン米大統領（右）（ロイター/アフロ）

ルービン氏は為替政策について自らマントラといったように、記者団に聞かれて「強いドルは国益」という文言をひたすら繰り返しました。ルービン氏の基本思想は、米国の財政赤字を減らせば高止まりしている長期金利も下がり、それが国内経済にもプラスに働くというもので、財政による需要追加には慎重な財政規律重視派でした。もともと米大手証券ゴールドマン・サックスで債券トレーダーをしていたという前歴も関係しているのかもしれません。

ルービン氏の登場とともにドル相場は反転に向かいドル高・円安基調になりました。後に詳述しますが1995年には日米協調でドル買い介入も実施しました。米国がドル安誘導をやめるということで、日本もほっと一息ついたのですが、それはつかの間でした。今度は日本売りと円安に悩まされることになるのです。97年11月、バブル崩壊後の問題先送りの結果、たまった不良債権問題が破裂しました。準大手証券の三洋証券、4大証券の一角の山一証券、そして都市銀行の北海道拓殖銀行が相次いで破綻する金融危機が起こったのです。

「弱い日本」が世界経済のリスクに

ここにいたって米クリントン政権は、日本はもはや米国にとって経済の競争相手としての脅威ではなく、世界経済を揺るがす脅威とみなすようになりました。世界第2位の経済大国の金融メルトダウンが米国を含む世界経済に悪影響を及ぼすのではないかという懸念です。米国にとっての脅威は「強い日本」から「弱い日本」に変わったのです。

日米通商摩擦が激しい時は日本たたき（ジャパン・バッシング）という言葉が流行りましたが、バッシングの次は、米国による日本へのプリーチング（説教）が始まりました。

その象徴的な人物がローレンス・サマーズ氏です。ノーベル経済学賞も受賞したポール・サミュエルソン氏を叔父に持ち自らも28歳でハーバード大学の終身教授の地位を得た神童です。サマーズ氏は1993年のクリントン政権発足時に財務省に入り、その後ルービン長官の副官として財務次官、副長官をつとめ99年には財務長官にのぼりつめました。日本の財務省などが通貨問題で協議する際も、手ごわい交渉相手になったのがサマーズ氏でした。

97年11月の日本の金融危機発生をきっかけに警戒感を強めた米国は、日本のマクロ経済政策や不良債権処理の方法について強烈な「説教」をし始めたのです。

私はちょうどそのころ、98年3月に日本経済新聞社のワシントン支局に赴任したのですが、その直後に、サマーズ財務副長官に日本のメディア数社の記者が呼び出されました。「日本はもっと財政面での景気刺激策をとれ」というメッセージを伝えるのがねらいでした。サマーズ氏の後ろには後にオバマ政権で財務長官になる知日派ティモシー・ガイトナー氏も控えていました。

こうしたクリントン政権の態度に当時、ワシントンの日本大使館で駐日大使だった斎藤邦彦氏が記者との懇談などで「失礼だ」と憤っていたのを思い出します。

このころから、80年代以降はずっと円高に苦しんでいた日本が円安の波にさらされるようになりました。日本のバブル崩壊後の経済低迷に金融危機が重なり、市場で日本リスクへの懸念から日本の株式市場での売りと為替市場での円売りが連動するようになったのです。今は、「円安→企業収益増→株高」という流れが定着していますが、当時はそうではなかったのです。新興国のようなキャピタルフライト（資本逃避）型の「日本売り」の通貨危機の懸念が通貨当局の頭をよぎったのです。

「サマーズ訪日」のスクープ

日米の通貨をめぐる交渉で、私がワシントンで印象に残った出来事を一つ紹介します。

米東部時間1998年6月16日朝。日ごろから取材に応じてくれる米政府幹部と電話で話をしていると「サマーズが東京に行くことになった」と言います。当時は円安と株安が急激に進み日本売り懸念が広がっている時期。日本政府は何とか米国に協調円買い・ドル売り介入をしてもらおうと求めていたのです。「サマーズが日本に行くということはこの協議が進む可能性がある」と私は思い、17日付日経朝刊1面に「米財務副長官訪日へ、円安協議」という短い記事を送りました。速報でも流れたこのニュースが為替市場にも影響を及ぼしました。

米ワシントン・ポスト紙も17日付の新聞でこのニュースを報じ、その中には「Summers' plans were first reported in Japan's leading financial daily, the Nihon Keizai Shimbun.」（サマーズの計画は最初に日本の有力経済紙、日本経済新聞が報じた）とありました。ワシントンで記者をしているとワシントン・ポスト紙の特ダネ記事を「ワシントン・ポストによると～」と書くことがしばしばありますが、今回はその逆でささやかながら溜飲を下げた思いでした。

6月17日の欧米市場で、日米が円買い・ドル売りの協調介入を実施しました。米国が日本の政策の取り組みに一応の評価を与え、その見返りとして協調介入に応じるという「取引」でした。この時の様子をルービン氏が回顧録で次のように振り返っています。

「私はまだ為替市場介入の成功に確信が持てなかった。そこでグリーンスパン、サマーズ、財務省の幹部たちと私で、介入すべきか否かを延々と討議した。日本経済には即時の経済再建策が必要だったが、政府だけの手には負えそうになかった。市場が反応するには、どの程度の改革への決意表明が必要か。また私はいつものように、介入に失敗すれば財務省の信用が損なわれるのではとも懸念した。しかしサマーズとティム・ガイトナーは、アジア全域の経済不振を主な理由に、リスクを冒してでも円を支援すべきだと強く訴えた。何時間にも及ぶ協議の末、私はついに覚悟を決めた」（『ルービン回顧録』）

用心深いルービン氏の性格をよくあらわすエピソードです。

この時、日本側で財務官として交渉を担っていた榊原英資氏は次のように振り返っています。

「米側は、当然予想されたことだが、明確な銀行の不良債権処理計画と、さらなる需要刺激策を求めてきた。しかし、日本側はまだ10兆円の財政支出を含む補正予算案を審議中であり、6月18日の国会閉幕までに国会を通る予定であったが、まさか、その直前あるいは直後に追加刺激策をアメリカに約束するわけにもいかなかった」

「補正予算成立後なら、金融改革や景気刺激策のすみやかな実施について約束はできなくもない。激しい交渉の結果、金融改革と内需の継続的刺激に踏み込んだ米財務長官声明、松永光蔵相談話、橋本首相談話をまとめ、同時に橋本首相とクリントン大統領の電話会談をセットすることで話は進んでいた。そして、ワシントン時間16日の午前から午後（日本時間16日深夜から17日朝）までには、サマーズ副長官、ガイトナー次官補は、介入賛成に回ったようだった」（『日本と世界が震えた日』）

緊迫した日米交渉の間、ルービン氏は最後まで介入には慎重で、1999年に財務長官をやめる時も在任中の難しい決断のひとつがこの協調介入だったと振り返っています。

為替市場介入では、日本だけの「単独介入」で相場の過剰な変動がおさまらない場合は相手国政府にも介入してもらう「協調介入」が検討課題となります。協調介入は前述した1985年のプラザ合意で有名になりましたが、歴史上めったにあるものではありません。特に米国が為替相場誘導に慎重な姿勢に転換した90年代後半以降はほとんど実施されていません。

総裁会見やり直し事件

日米が円安阻止で協調したのもつかの間、今度は急激な円高・ドル安に苦しむようになります。介入を指揮する財務官は「ミスター円」と称された榊原英資氏から1999年7月には後に日銀総裁になる黒田東彦氏に交代しました。米国はサマーズ氏が財務長官になり、ガイトナー氏が次官という体制になりましたが、日本の為替介入にはより厳しい姿勢をとるようになりました。サマーズ氏らは98年に日本がとった不良債権処理策や財政・金融政策は不十分で、もっと強力な措置が必要と考えていました。そこで円高阻止への協力ばかり求める日本に対し不良債権処理やマクロ経済政策の実施を強く要求したのです。

その象徴的な出来事が１９９９年９月の「日銀総裁の会見やり直し事件」です。

当時、黒田氏は急激に進む円高を抑制するために単独で円売り・ドル買い介入を実施、米国の協調介入は難しいにしても、何とか米国に円高懸念を共有してもらおうと働きかけていました。黒田氏は日本経済新聞の「私の履歴書」で次のように振り返っています。

「99年9月25日の主要7カ国（G７）蔵相・中央銀行総裁会議でのことだ。私はサマーズ米財務長官やガイトナー財務次官を説得し、『日本の円高懸念を共有する』との表現を声明に盛り込ませた。だが記者会見で速水総裁は円高容認ともとれる発言をしてサマーズ長官を激怒させ、速水総裁が再度の記者会見を開いたこともあった」

私も当時ワシントン駐在記者としてこの会議を取材していましたが、日本の大蔵省や日銀の関係者は憔悴しきった様子でした。サマーズ長官ら米国側の高圧的な態度には憤りも覚えましたが、政府と日銀で足並みのそろわない日本の対応についても情けなく思いました。

黒田氏は速水氏について「私は敬虔《けいけん》なクリスチャンの速水総裁を人間として尊敬していた。だが金融政策や為替を巡る発言には困らされた」と振り返っています。

この財務官当時の経験が、黒田氏が日銀の金融政策運営に不信感を持つきっかけになり、それが２０１３年の日銀総裁就任後の異次元緩和につながっていくのです。

「ミスター・ドル」の大規模介入

２００１年1月、日米摩擦が尽きなかった民主党のクリントン政権から共和党のブッシュ政権（第43代）に米国の政権がかわりました。そして4月には日本でも「聖域なき構造改革」を掲げる小泉純一郎政権が誕生しました。よく知られているように小泉・ブッシュの関係はとても良好で、01年9月の米同時多発テロの際も小泉氏は米国支持をいち早く鮮明にしました。こうした関係から、ブッシュ大統領は経済問題で小泉政権を追い込みすぎないよう部下に指示したため、クリントン政権時に比べ日米経済関係は好転しました。

これは通貨外交にも影響しました。ブッシュ政権は前の政権に比べ日本の為替市場介入に寛容になったのです。

2003年1月には財務官が黒田東彦氏から溝口善兵衛氏に交代しました。話好きの黒田氏とは対照的に、口数はそれほど多くなく手堅い官僚というイメージの溝口氏です。就任時はこの人が未曾有の大規模為替介入を実行するとは思いもよりませんでした。

前述したように「ブッシュ―小泉」関係で日米同盟を重視するなかで、米国が日本の為替市場介入について目くじらを立てるようなことは少なくなりました。溝口財務官の交渉相手の米財務次官は著名な経済学者のジョン・テイラー氏で、この人も日本の介入には理解を示していました。テイラー氏は01年の同時多発テロを受けてテロ資金対策を主導しており、これに日本が協力したことも関係構築に役立ったのかもしれません。

もう一つ、大規模介入の環境が整った背景には日銀総裁の交代がありました。2003年3月、「円高論者」で金融政策や為替政策でしばしば政府と対立した速水優総裁が退任し、元副総裁の福井俊彦氏が総裁に就きました。福井氏は就任早々に量的緩和の規模を拡大し積極的な金融緩和姿勢を示しました。また米国の経済学者などが求めていた「介入資金の非不胎化」(円売り介入で市場に放出した資金を放置するか回収するかの問題)という技術的な論争とも距離を置くようにしました。円高抑制を求める財務省と金融緩和に慎重な日銀の姿勢がちぐはぐだとみていた米国も、政府と日銀の足並みがそろったと判断したのでしょう。テイラー氏は回顧録で「『量的緩和』を支援することがブッシュ政権の政策方針になった」と明言しています。

溝口財務官は、介入をするたびに毎回、テイラー財務次官に介入額などを伝える詳細なメールを送りました。また、日銀は明言はしていませんでしたが、介入資金は不胎化されていないと判断できる（市場に介入資金は放置されている）ということもメールではテイラー氏に伝えていました。2003年1月から04年3月の溝口財務官時代の円売り・ドル買い介入は総額35兆円に及び、溝口氏は米経済誌から「ミスター・ドル」と命名されました。

テイラー氏の回顧録では、米国と日本とユーロ圏の通貨当局者による「G3」会合の様子が描かれています。この会合で溝口氏は、日本が一定水準で円売り・ドル買い介入をしている円相場のグラフを示します。日本側は円相場の上昇に一定の歯止めをかける水準のめどで合意を探ったようですが、テイラー氏はそれをやんわりと断わりました。為替問題では日米蜜月とみられた時代にも、日米の為替政策観の違いははっきりしていたようです。

この「溝口介入」を最後に日本の市場介入は少なくなり、通貨をめぐる米国との協議も1

980～90年代ほどの厳しさはなくなりました。これは米国の経済的な脅威が日本ではなく急速に成長した中国に移っていたことも影響しているのでしょう。

中国が新たな標的に

2008年のリーマン・ショックに伴う世界金融危機は、超大国・米国の凋落と台頭する経済大国・中国を強く印象付けました。リーマン危機後に中国は大型の財政出動を実施し、世界経済を支える役目を担いました。10年にはGDPで日本を抜き、米国に次ぐ世界第2位の経済大国に躍進、このころから米国との経済摩擦も激しくなってきました。通貨政策でも米国は日本よりも中国の人民元政策に焦点を当てるようになりました。中国は強い資本規制を敷き人民元も管理相場制でした。米国は中国に人民元を切り上げるよう迫るようになりました。ちょうど1970～80年代のニクソン・ショックからプラザ合意にかけての日米のような通貨をめぐる摩擦が始まったのです。

日本はメインの標的ではなくなったとはいえ、米国は日本の為替介入を無条件で認めるわけではありません。中国など新興国に介入による為替操作をやめるよう求めている横で、G

7の一員で先進国の日本が恒常的に為替介入をしているというのは具合が悪いわけです。介入はあくまで緊急避難の例外措置という米国の立場は変わりません。特に2009年に発足したオバマ政権では、クリントン政権で財務長官を務めたローレンス・サマーズ氏がホワイトハウスの国家経済会議（NEC）委員長、財務次官だったティモシー・ガイトナー氏が財務長官に就任しました。かつて日本の市場介入には厳しい立場で臨んだ面々です。

リーマン・ショック後の世界不況時にはドル安・円高が進みました。日本はしばしば円売り・ドル買い介入をしましたが、米国は協調介入には応じることはなく、あまりに日本の介入が多額でひんぱんになるとやめるよう求めることもありました。

最後のG7協調介入

極めてまれな例は2011年3月の東日本大震災直後の主要7カ国（G7）による協調円売り介入でした。3月11日の東日本大震災の発生後、為替市場では急速に円高が進み、株式相場は急落しました。大地震の起きた国の通貨が買われるというのは不思議な感じがしますが、当時は震災で保険金支払いが必要になった日本の保険会社が海外資産を売って円に換金するので円買いが増えるという憶測などから、海外の投機筋が円買いを仕掛けたのです。しかも円高と株安が連動して進む状況でした。3月17日早朝に1ドル＝76円25銭と当時としては戦後最高値を記録しました。円相場は明らかにファンダメンタルズに沿わない動きと判断したG7通貨当局は電話会議を開き、日本への「連帯」の意思を示すため円売りの協調介入で合意しました。

日本時間18日朝、G7の財務相・中央銀行総裁は共同声明を発表しました。

「日本当局からの要請に基づき、米英加当局および欧州中央銀行（ECB）は、3月18日に日本とともに為替市場における協調介入に参加する」

介入直後、円相場は1ドル＝81円台に下落、3週間後には85円台まで円安が進み、市場は落ち着きを取り戻しました。G7による協調介入はユーロ安に歯止めをかける2000年9月以来、約10年半ぶりのことでした。この時、財務官として為替介入を指揮した玉木林太郎氏は「この時の介入は国際連帯ということで、米国はすぐにオーケーした。調整に時間がかかったのは国が多い欧州だった」と振り返っています。

大規模介入求めた財務次官

その後の円高局面では米国は協調介入には応じず、日本は単独で円売り介入を続けました。2011年10月31日に円相場が戦後最高値の1ドル＝75円32銭に上昇したのを受けて実施した介入は11月4日まで続き、合計約9兆円の大規模に達しました。特に10月31日の8・1兆円という介入額は一日としては過去最大規模でした。

これだけの介入を日本が実施した背景には、当時の勝栄二郎財務次官の存在がありました。日本の介入に批判的な米国への配慮を重視する中尾武彦財務官ら介入担当者に対し、実施を求めたのです。

財務省の次官は予算や税制を担当する財政部局の経験が長い幹部が就くことが多く、為替介入のような専門的な話は国際担当の財務官や国際局長に任せるのが常です。勝氏は1995～97年まで為替資金課長をつとめ、加藤隆俊、榊原英資両財務官のもとで為替介入を実施した経験があります。その経験から次官になっても積極的な介入姿勢をとったのでしょう。

図表2-3　2011年10月31日から11月1日の為替介入

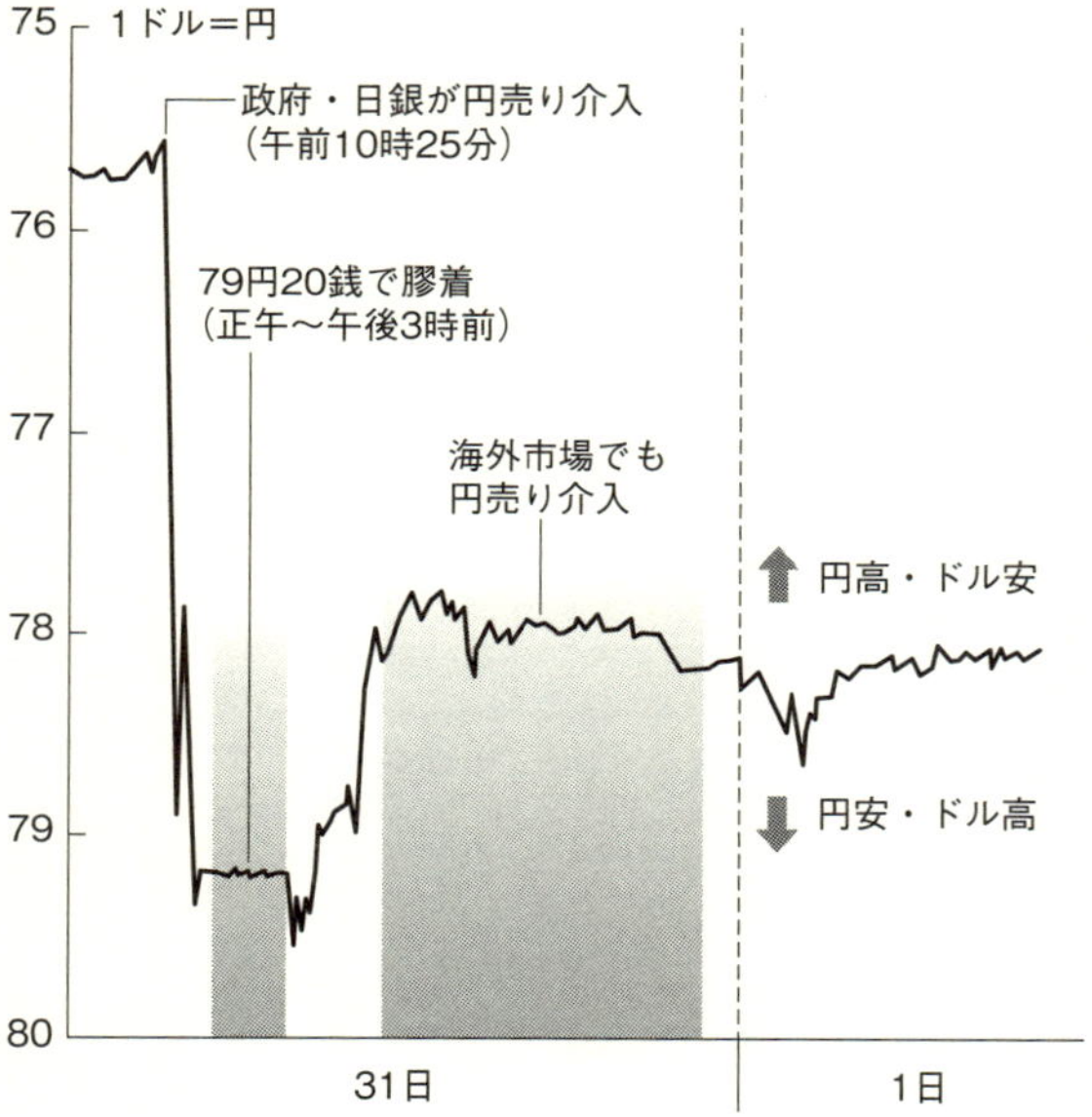

日本の介入、名指しで批判

「日本の為替介入を支持しなかった」。米財務省は2011年12月に発表した半年に一度の外国為替政策報告書のなかで、日本が8月と10月に実施した円売り・ドル買い介入について「支持しなかった」と明記しました。同報告書は米貿易シェアのおよそ7割を占める日中韓など9カ国の通貨動向などを分析し、原則半期ごとに米議会に提出しているものです。

3月の東日本大震災発生後の介入とは事情が異なり、8、10月の介入当時の為替相場の動きは秩序だっていたとの認識を示し、円相場の変動率も高くはなかったと指摘しました。米国が日本の介入を報告書でここまで批判するのは異例のことです。

報告書では、介入にもかかわらず円はドルに対し年初から4％上昇しているとも指摘。日本は介入ではなく潜在成長力を高めるなど、経済の活性化に徹底的に取り組むべきだとの認識も示しました。米政府は為替介入の不支持を明確にすることで、日本がさらに介入をしないようにけん制したのです。

「通貨を過小評価させるための市場介入をすべきではないことでG20（20カ国・地域）が合意した」。2012年6月19日、メキシコのリゾート地で開いたG20首脳会合後の記者会見でオバマ米大統領はこう宣言しました。会議で採択された首脳宣言には「人民元を含め、為替政策の透明性向上と、市場で決定される為替レートシステムへの移行への約束を再確認」という文言が入りました。当時は対円ではドル安でしたが、欧州債務危機や中国経済の減速で対ユーロ、対人民元ではドル高が進んでいました。米産業界からはドル高が輸出競争力を奪っているという批判の声も上がっていました。5カ月後に再選を目指すオバマ大統領にとってはこうした声は無視できません。特に米国が優先課題としていたのは人民元の相場を政府が管理する中国など新興国ですが、G7の一員である日本が新興国と同じように頻繁に介入するのは望ましくないと考えていたのです。

G20首脳宣言では「為替相場の過度な変動や無秩序な動きは経済と金融の安定に悪影響を及ぼす」ということも再確認されており、日本はこれを為替市場介入のよりどころとしていました。G20首脳レベルでも為替相場をめぐる表現で各国の駆け引きが繰り広げられたのです。

こうした米国の厳しい姿勢もあって、日本の為替介入は2011年11月を最後に途絶えました。介入が復活するのは円安が問題になる22年のことです。

介入なき時代

米オバマ政権の厳しい姿勢で為替介入を封じられた2012年は、円高是正の圧力は日銀に向かう形になりました。それが、円高是正と日銀の大胆な金融緩和を掲げる安倍晋三第2

次政権の誕生につながる原因の一つになりました。

２０１３年にアベノミクスのもとで黒田東彦日銀総裁が打ち出した異次元金融緩和に伴う円安進行については、Ｇ７などでも「円安誘導ではないか」という懸念の声も出ました。ただこれは市場介入ではないので、「金融政策はあくまで国内経済のために運営しているので為替相場の誘導を狙ったものではない」という説明で日本は何とか切り抜けました。米国もバーナンキＦＲＢ議長が実施した量的緩和の際に急激なドル安が進み、10年に新興国などからドル安誘導だという批判が出た際に、同じロジックで反論していたので、日本の主張を容認せざるを得ない面もあったのでしょう（これは後ほど詳しく説明します）。

２０１６年春から夏、英国の欧州連合（ＥＵ）離脱決定などにより円買い圧力が強まった局面で、日本は円売り・ドル買い介入を検討しましたが結局は実施しませんでした。

トランプ氏と為替相場

２０１６年11月の米大統領選では、事前の予想を覆して共和党のトランプ候補が当選しました。トランプ氏は為替相場と因縁のある人物です。１９８０年代にニューヨークの不動産

図表2-4　円相場と日経平均株価の推移

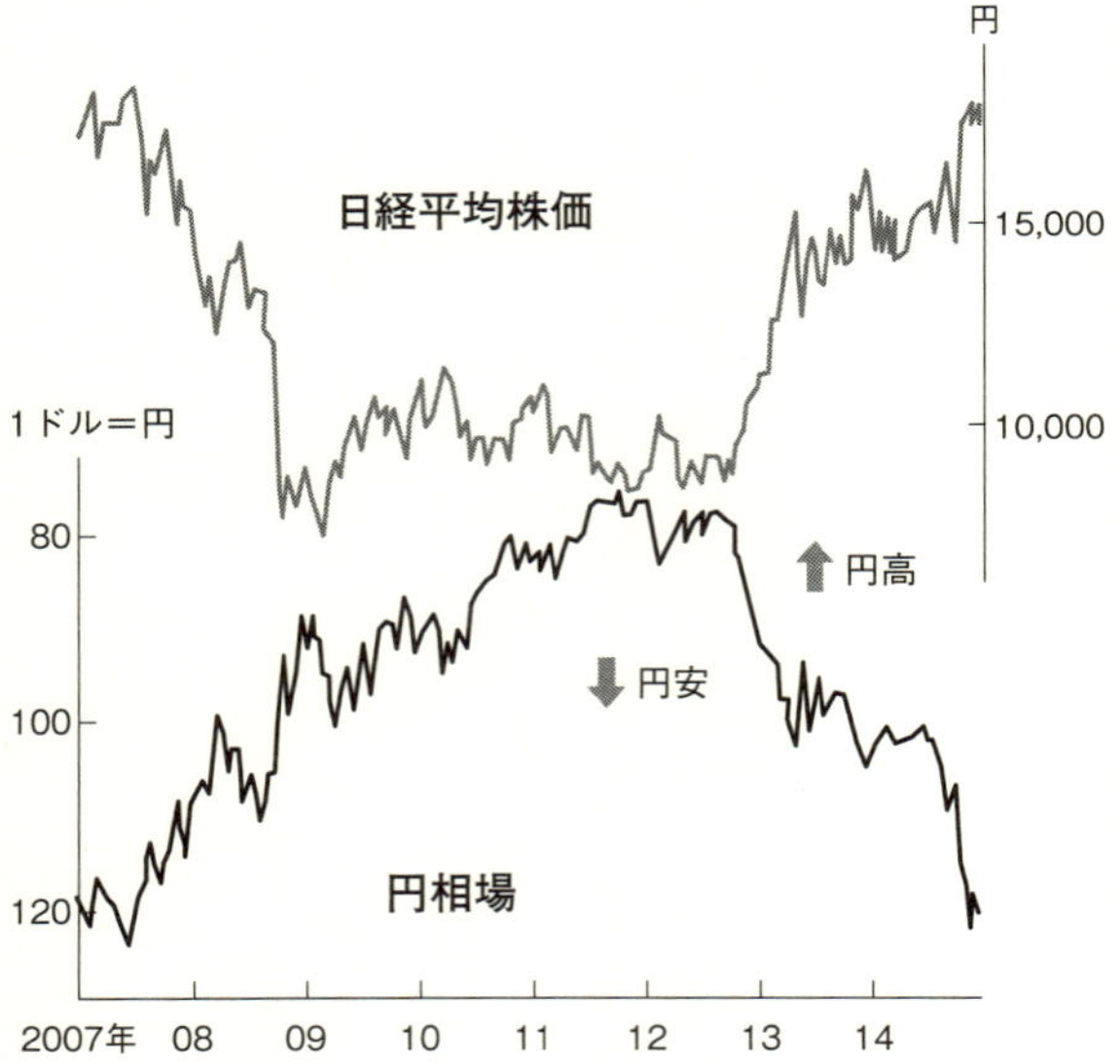

王として活躍したトランプ氏は、当時台頭する日本への批判を繰り広げていました。プラザ合意で有名になったニューヨークのプラザ・ホテルをトランプ氏が保有していたこともありました。

2016年の選挙戦中も中国と並んで日本の「通貨安誘導」を批判する発言がありました。日本政府はこうしたトランプ氏の発言を警戒しました。

「他国は資金供給と通貨切り下げで有利な立場をとってきた。

中国や日本は何年も通貨安誘導を繰り広げている」。大統領就任直後の2017年1月末、トランプ氏は米企業幹部との会合で中国と日本を名指しで批判しました。トランプ政権下で初めての日米首脳会談を控えた時期で、日本政府に緊張が走りました。当時の浅川雅嗣財務官は急きょ訪米し、米政府幹部に、日銀の金融緩和は為替誘導を目的にしたものではないという主張を伝え、理解を求めました。

結局、日米首脳会談では為替問題が議題になることはなく混乱はありませんでした。トランプ大統領はもともと不規則発言が多いうえに、安倍晋三首相との間で個人的な信頼関係を結んだことが、対日批判を和らげることにつながった面もあったのでしょう。結果的にはトランプ氏は1期目の4年間で、為替問題で日本に対し強い行動に出ることはありませんでした。なんでも理詰めで考えるオバマ大統領に比べると為替問題ではくみしやすい相手だったのかもしれません。

2021年発足のバイデン政権の財務長官にはイエレン前FRB議長、ホワイトハウスの国家経済会議（NEC）委員長にはブレイナード氏がつきました。ともに日本の市場介入には批判的だったクリントン政権、オバマ政権時代に財務省やFRBに在籍していた人々です。

図表2-5　政府・日銀による2022年の3回の為替介入

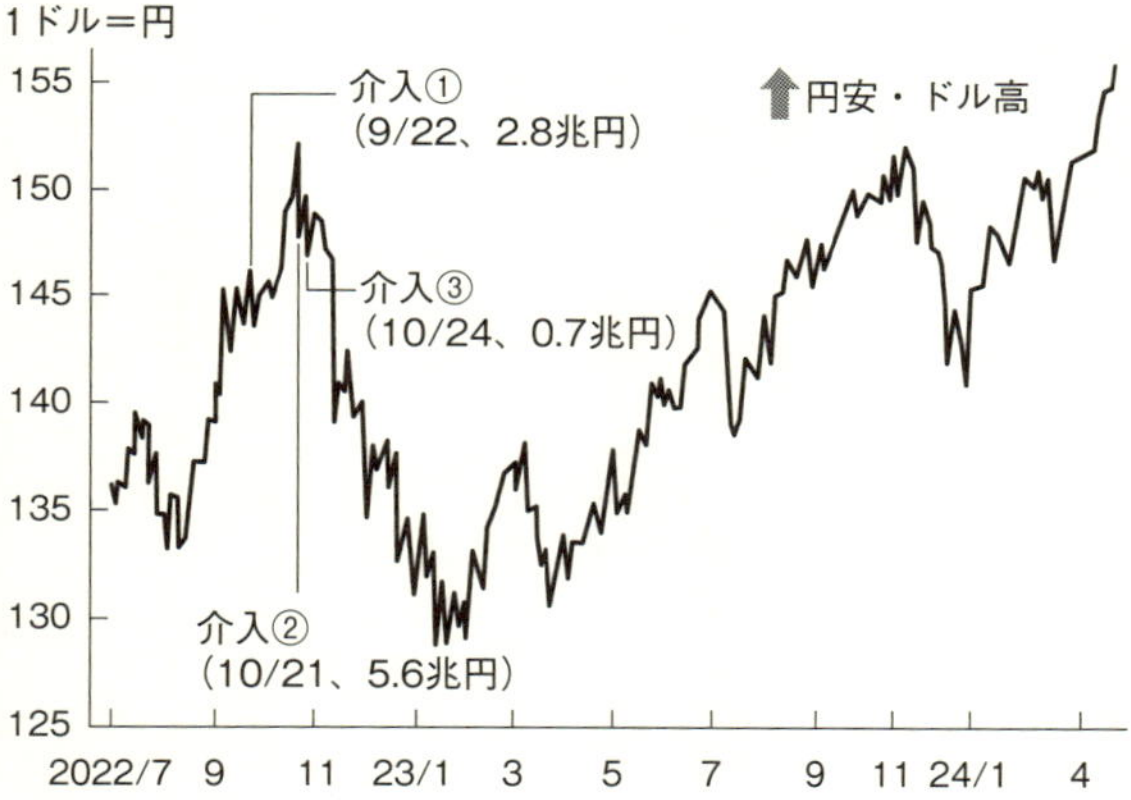

すでに紹介したように、日本は急激な円安進行に対応して２０２２年9月に24年ぶりに円買い・ドル売りの市場介入を実施、24年にも15兆円超の介入を実施しました。イエレン財務長官は「介入はまれであるべきだ」としながらも、日本の介入を容認し、かつてのような日米摩擦にはつながりませんでした。

トランプ再登場

２０２４年11月の米大統領選で共和党のトランプ候補が勝利し、25年1月に１３２年ぶりに退任した大統領が政権に返り咲くことが決まりました。「トランプ２・０」

は為替相場にどのような影響をもたらすのでしょうか。

「米国にとって完全に大惨事だ」。トランプ氏は2024年4月下旬、当時としては34年ぶりの円安・ドル高局面で、このようにSNSに投稿しました。もともと米貿易赤字縮小のためにドル安が良いと考えがちのトランプ氏らしい投稿でした。ただ、トランプ政権はドル安志向かというとそうとも断定はできません。

トランプ氏は2024年11月22日、次期財務長官に米ヘッジファンド経営者のスコット・ベッセント氏を指名すると発表しました。

ベッセント氏は、有名投資家のジョージ・ソロス氏のヘッジファンドの運用担当者として、1992年の英ポンド売りで英中央銀行イングランド銀行の為替介入を打ち負かした取引の中心人物の一人でした。2011年にはファンドの最高投資責任者になり、12年の安倍晋三第二次政権の誕生前から異次元緩和を見越した円売りを仕掛けて利益をあげたことで知られています。余談ですが、そのせいかベッセント氏は親日家で、同氏に近い人は「財務長官になれなければ、駐日大使を希望したのではないか」と語っています。

同氏は「3－3－3」という政策案を提唱しています。①実質経済成長率3％の実現②財政赤字を国内総生産（GDP）の3％に抑える③米国エネルギーを日量300万バレル増産する――の三つの政策でアベノミクスの「3本の矢」に着想を得たとされています。意識したのかどうかはわかりませんが、黒田東彦日銀総裁が異次元緩和の開始時に掲げた「マネタリーベースを2倍にして2年間でインフレ率2％を目指す」という「2－2－2」の戦略にも似ています。

トレーダーの経験のある財務長官としては前述した米証券ゴールドマン・サックス出身のロバート・ルービン氏が有名ですが、ルービン氏は債券トレーダーだったので、ベッセント氏は歴代で最も為替取引に詳しい財務長官になることでしょう。

「基軸通貨は市場によって上がったり下がったりすることがある。良い経済政策をとれば、自然と強いドルになると信じている」

ベッセント氏は2024年10月の英フィナンシャルタイムズ紙とのインタビューでこう語っています。同氏の考え方は、為替相場は市場に任せながら「強いドル」を掲げたルービン氏に近い印象を与えています。

トランプ氏はベッセント氏を財務長官に起用する際に次のような声明を発表しました。

図表2-6　トランプ氏は繰り返し円安けん制

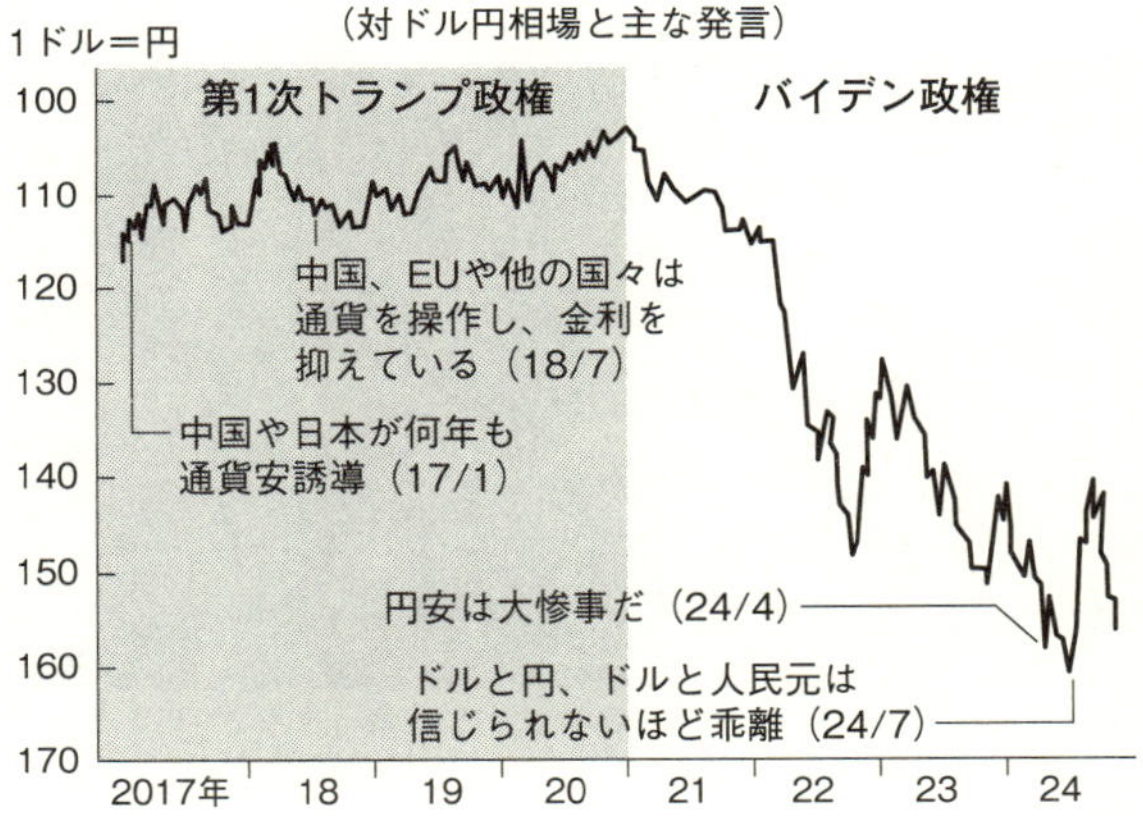

（注）発言は米メディアなど参照

図表2-7　「トランプ氏勝利」で円安加速

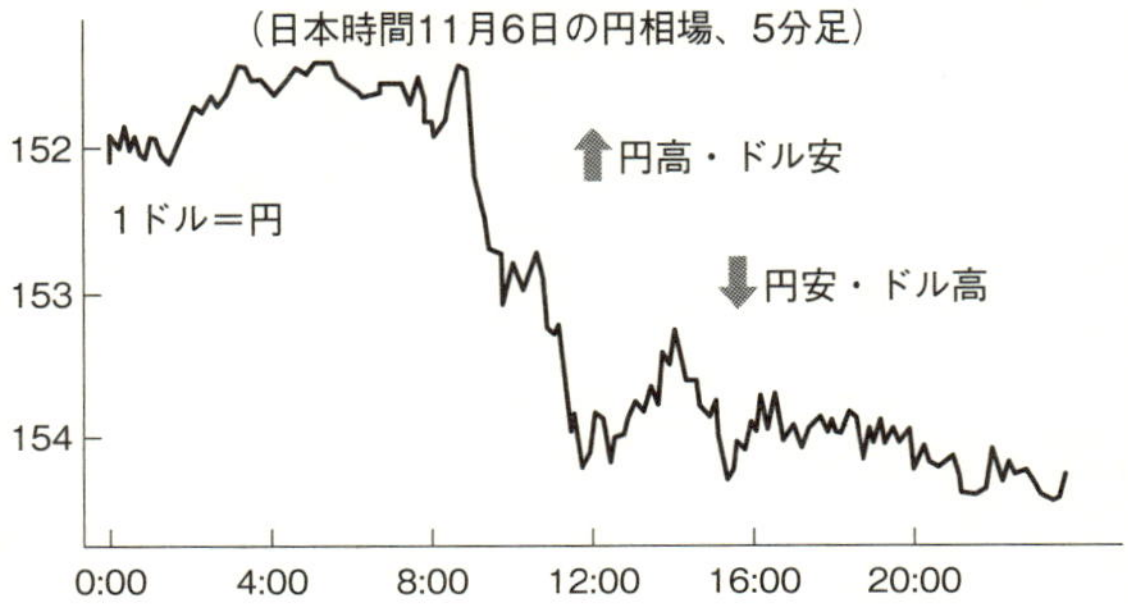

財務長官に起用されるスコット・ベッセント氏（右）（AP/アフロ）

「彼（ベッセント氏）は、世界の先進経済、イノベーションと起業精神の中心、資本の目的地としての米国の地位を強化しながら、常に、そして疑いなく、米ドルを世界の基軸通貨として維持する新たな黄金時代を迎えるのを助けてくれるだろう」

ただ、これでトランプ政権がドル高を志向し続けると判断するのは早計かもしれません。

トランプ政権の中で、ベッセント氏などウォール街や市場に近い人と、ピーター・ナバロ大統領上級顧問など通商強硬派のどちらが経済政策の主導権を握るかを注意深くみていく必要があるでしょう。

為替市場では2024年11月の米大統領選で

トランプ氏勝利が決まった直後は、円安・ドル高が進みました。関税引き上げや減税、不法移民規制などの政策がインフレを招き米金利が上昇するという思惑で、円売り・ドル買いが出たようです。24年夏に一服した円キャリー取引が再び拡大するという見方も出ています。ただ、前述したようにトランプ政権の為替政策がどちらの方向に行くかはまだ不透明で、「トランプ政権＝ドル高」と決めつけるのはまだ早いと思います。

「通貨外交」は幻想？

さてここまで通貨をめぐる日本と米国の攻防の歴史を振り返ってきました。日本では「通貨外交」という言葉がありますが、実は欧米ではこうした言葉はあまり使われません。G7やG20では確かに「通貨問題」を話しているのですが、それをとりだして「通貨外交」と焦点を当てる議論はあまりありません。新興国が基軸通貨ドルを持つ米国の「横暴」に対し声をあげ「通貨戦争」といった言葉が飛び交ったことがありましたが、これは例外的なことです。

これまでもみてきたように日本にとって「通貨外交」と言えば、つきつめれば米国との交渉です。日本にとって望ましくない方向に為替相場が動いたときに、日本が市場介入に動くのを認めてもらえるのか（支持か、消極的容認か）、あるいはもっと進んで懸念表明や協調介入をしてもらえるのか。それをいろいろな取引をしながら実現していくことでしょう。これは1ドル＝360円の固定相場がニクソン・ショックで崩壊した後の1971年末のスミソニアン協定で、当時の水田蔵相が新たな対ドル相場の水準を米国と交渉した時から変わっていないともいえます。

1980年代後半に財務官をつとめた行天豊雄氏は「通貨外交」という言葉について次のように記しています。

「日本のビジネスマンの中には、『円高は困る。政府は通貨外交を強化して、諸外国との協調のもとで何かやってほしい』といったことを要望する人が多い。それは、通貨は市場で決まるのではなく、なんとなく政府間の話し合いで決まるというふうに思っていることの反映だろう。これは非常に間違いである。私は、通貨外交はまさに幻想であり、それをあまりにもあげつらうのは愚であると思っている」（『円はどこへ行くのか　体験的為替論』）

元財務官が「通貨外交は幻想」と言い切ったのは印象的です。

「市場で決める」が主流に

為替相場についての考え方がこの50年で大きく変わったのは米国、というよりは日本以外の主要7カ国（G7）のメンバー国ではないでしょうか。20世紀までは米欧もプラザ合意やルーブル合意のように介入や金融政策の協調で為替相場を一定の水準に誘導、あるいは安定させようという試みに参加しました。欧州域内でも各国通貨を特定の相場圏で安定させるERM（欧州為替相場メカニズム）の仕組みがありました。英国は、前述したジョージ・ソロス率いる大手ヘッジファンドのポンド売り投機との戦いに敗れて1992年にERMを離脱、その後は為替市場介入をしなくなりました。他の欧州も99年の通貨統合によるユーロ誕生でその必要は少なくなりました。

21世紀になるころにはG7では「為替相場は市場が決める」「市場介入は極めて例外的な措置」というのが常識として定着しました。日本もこの原則には同意しているはずですが、どうみても逸脱しているという動きが何度かありました。他のG7からみると、「日本は為替問題で本当にG7の仲間なのか」という声が出ても不思議ではありません。通貨政策では日本の「ガラパゴス化」が進んでいるのです。

すでにみてきたように21世紀の日本の「通貨政策」はどうやって日本の市場介入を「例外的措置」として米国に認めてもらうか、どうやって日本の政策を「為替相場誘導」と批判されないようにするかが主題となりました。

「為替相場は米国との交渉で決まる」というのは言い過ぎかもしれませんが、米ドル相場では米国の影響が大きいというのはその通りです。日本のこうした「通貨外交」は対峙する米国の政権やその時の日米関係に左右されます。

為替相場が変動相場制に移行した過去50年程度の期間をみると、為替相場で日本に対して厳しい態度をとったのは民主党政権のほうが多いような印象を受けます。典型的なのがこれまでも説明したように「経済重視」を掲げたクリントン政権でした。私はワシントン駐在時代に間近で見た記憶が残っているのですが、クリントン政権内では「経済チーム」、特に2期目以降のルービン長官率いる財務省の力が際立っていました。国務省や国防省などの外交・安保チームよりも強大で、特にアジア通貨危機への対応など外交問題でも経済チームの意向が強く働いたことがしばしばでした。

私が政権による違いを実感したのは2001年に共和党のブッシュ政権に交代してからでした。ブッシュ政権では国務省、国防省など外交・安保チームのほうが優位になり、ブッシュ大統領が個人的に当時の小泉純一郎首相と良好な関係を築いたため為替など経済問題で日本に厳しい態度をとることは少なくなりました。日本の経済力がかつてのように強くはなくなったこともありますが、米政権内のパワーバランスも影響していると思います。

その後、2008年のリーマン危機を経て誕生した民主党のオバマ政権では再び、経済チームが力を持ち、クリントン政権ほどではないにせよ日本の為替政策には厳しい態度をとったのはすでに見た通りです。そして次のトランプ政権では再び、日米首脳間の個人的な関係もあって為替問題で大きな摩擦が起きることはありませんでした。次のバイデン政権は民主党政権ですが、米中対立、ウクライナ危機、中東での紛争など国際環境が厳しさを増しているのを反映してか、政権内では外交・安保チームが優位に立ちました。特に岸田文雄前首相がバイデン大統領と個人的に信頼関係を築き、日本の防衛費拡充などで日米同盟関係が強化されたこともあり、クリントン政権やオバマ政権などかつての民主党政権の時のようなぎすぎすした関係にはなりませんでした。

ワシントンの知日派の友人は「日本の為替介入に対してバイデン政権の経済チームが比較的穏当な対応をしたのは、外交・安保面での日米関係が強化されたことが大きい」と指摘しています。

民主党が為替問題では日本に厳しいというようなことばかり書いてきましたが、かつては共和党政権でも大きな為替政策の変更がありました。1971年のニクソン政権下での金ドル交換停止、為替相場の変動相場制への移行、85年のプラザ合意からルーブル合意に向けた通貨をめぐる国際協調の試みなど大変動は共和党政権下で起きています。71年のニクソン・ショックは戦後のブレトンウッズ体制が制度疲労で持ちこたえられなくなり、米国が追い込まれた末の決断という面がありました。一方、プラザ合意については剛腕のジェームズ・ベーカー氏が財務長官に就任しなければ実現しなかったのではないでしょうか。

「円相場は米国との交渉で決まる」というのは言い過ぎですが、基軸通貨ドルを持つ米国の政策が国内政治・経済情勢や政権内の権力構造で移ろうことは今後もあり得ます。

米有力シンクタンク、ピーターソン国際経済研究所のアダム・ポーゼン所長は2024年7月の日本記者クラブでの記者会見でこんな見方を示しています。「次の米大統領がトランプ氏になれば『プラザ合意2』のようなドル高是正の取り組みがあるかもしれない」

「異次元緩和」を打ち出した黒田東彦日銀総裁
（2013年4月4日）（ロイター/アフロ）

第3章

都市伝説②
「円相場は日銀の金融政策で決まる」
――為替との距離に悩む中央銀行

アベノミクス、円高修正が成功体験に

「日銀にぐるぐる輪転機を回してお札を刷ってもらう」。これはアベノミクスの代名詞にもなった安倍晋三元首相の言葉です。正確に言えば安倍氏がこの言葉を使ったのは、首相になる前、２０１２年12月の衆院選の時です。

当時は今と違って、超円高に苦しんでいた時代でした。経済界からは6重苦という言葉も出ていました。それは①超円高②高い法人税率③経済連携協定の遅れ④高い電力料金⑤厳しい労働規制⑥厳しい環境規制――の６つで、その筆頭が超円高でした。安倍氏は超円高の理由は日銀の金融緩和の不足に原因があり、日銀がもっと積極的に緩和をすれば問題は解消すると主張したのです。

自民党は野党でしたが、与党・民主党の支持率は低迷し、衆院選で政権交代は確実とみられていました。その結果、選挙戦中から安倍氏の発言を受けて、為替市場では円相場が下げに転じました。衆院解散が事実上決まった11月中旬には1ドル＝80円前後だった円相場は12月16日の衆院選で自民党が大勝した直後は84円台に、その３カ月後の13年3月には1ドル＝

図表3-1　2013年の日経平均と円相場

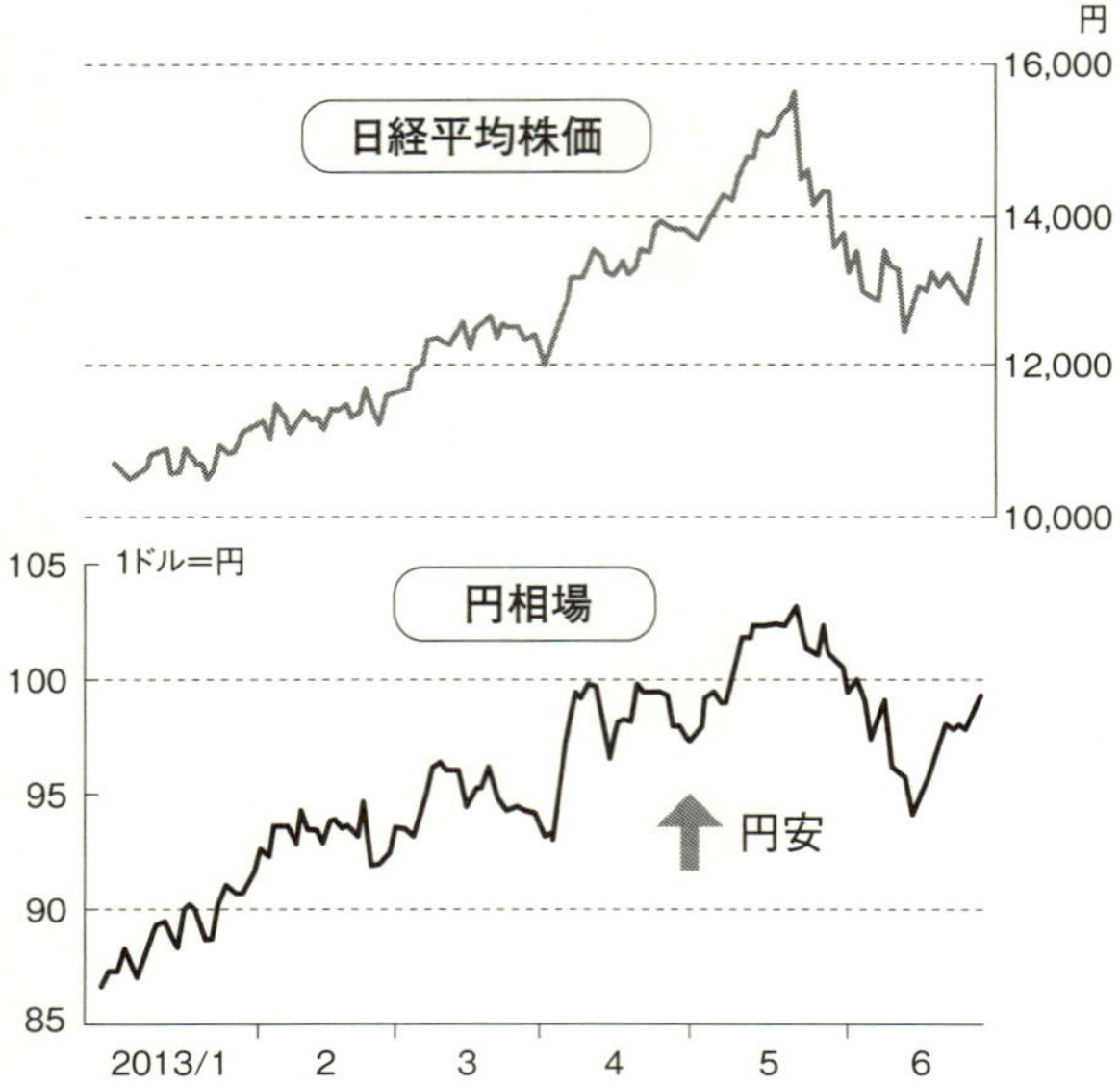

95円台と約3カ月で10円以上の円安が進みました。

　黒田東彦氏が日銀総裁に就任していわゆる「異次元緩和」を始めたのは2013年4月ですから、実際の超円高の修正はその前から始まっていたのです。この初期の「成功体験」がアベノミクスという政策を形づくりました。アベノミクスは一般には①大胆な金融緩和②機動的な財政政策③民間投資を促す成長戦略――の「3本の矢」が有名ですが、実際に重視され市場の注目を集めたのは1番目の金融政策でした。2番目の財政政策は法人税率の引き下げには取り組みましたが異次元というほどのものではなく、特に不十分だったのは3番目の成長戦略、規制緩和や構造改革を通じた民間投資の活性化でした。

初期の円安・株高がアベノミクスの成果と喧伝されたことで、金融政策偏重になった感は否めません。黒田日銀総裁は2％のインフレ目標を掲げて金融緩和を推進しましたが、黒田氏が異次元緩和にあたって円相場を意識していたのは明らかです。特に「円高↓株安」「円安↓株高」の連動性が強まるなかで、為替相場の円安は国内資産価格の引き上げにつながるという面もありました。こうした好循環を意識したのか、2013年春の時点で「戦力の逐次投入はしない」としていた黒田日銀は、その後も為替相場が円高に振れるたびに追加措置を繰り出すことになります。

例えば2016年を例にとりましょう。この年は英国の国民投票で欧州連合（EU）離脱が決まり、米大統領選でトランプ候補が勝利するなど波乱の年でした。2016年の初頭、日銀はあせりを強めていました。異次元緩和を始めてからもうすぐ3年になるのに、物価目標2％の達成は遠く、原油価格の下落、中国経済の悪化懸念から世界的にデフレ圧力が強ま

図表3-2　日銀のマイナス金利政策

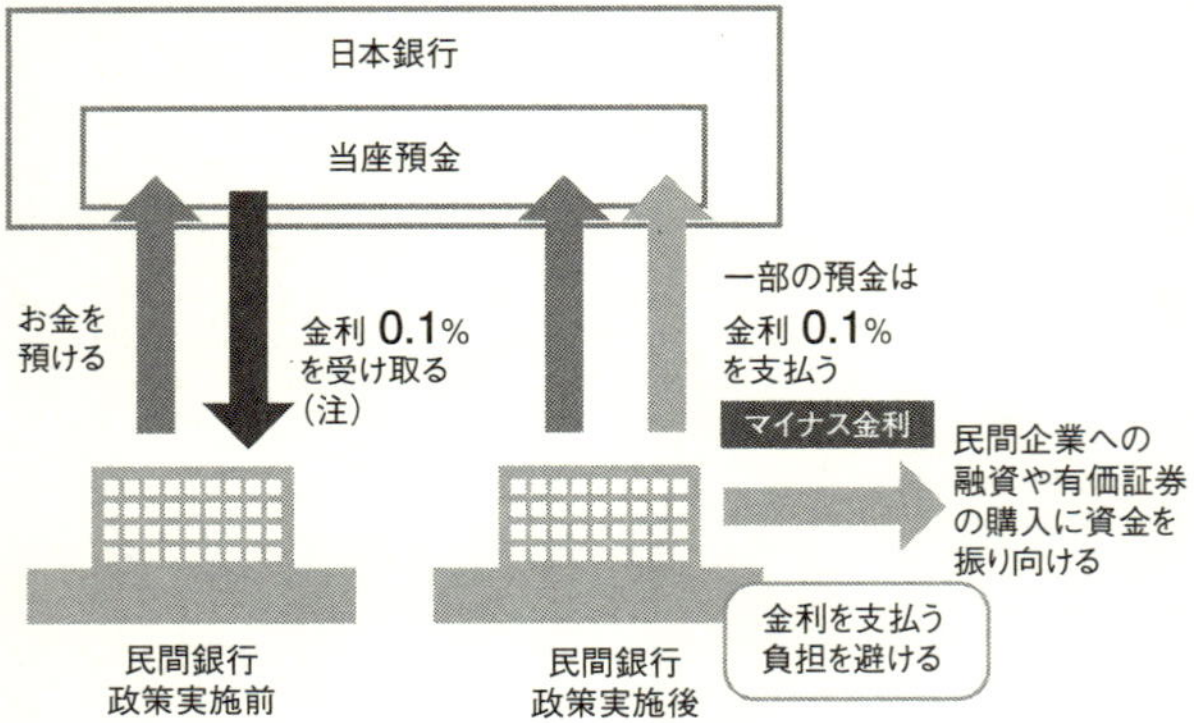

（注）0.1%の金利を受け取るのは法定準備預金額を超える分

りそうな気配でした。

黒田総裁は日本経済新聞の「私の履歴書」でこの間の事情をこう振り返っています。

「中国の人民元の大幅な下落も起きた。15年11月、国際通貨基金（IMF）は人民元を特別引き出し権（SDR）の構成通貨に入れると決めた。それに向け中国が資本規制を緩和して人民元を『自由利用通貨』にするための諸政策で、資本流出が加速した。これは日本の物価安定にも悪影響が及ぶ。私は16年1月、スイスでの世界経済フォーラム（ダボス会議）に登壇し、英留学時代からの知人であるフィナンシャル・タイムズ（FT）のマーティン・ウルフ氏の質問に『中国は資本規制を強化した方がよい』と発言した。人民元安が再び日本を含むアジアにデフレ圧力を及ぼす懸念があった。新興国経済への先行き懸念もあり、世界的な株安や円高が進んでいた。スイスに出発する前、私は追加金融緩和の選択肢を議論できるように、内々に準備を要請していた。帰国後、1月29日の金融政策決定会合で、日銀はマイナス金利政策の導入を決めた」

この政策は、日本がマイナスの領域まで金利を下げ、海外との金利差を拡大させることで、円高に歯止めをかける効果も意識されました。実際、マイナス金利導入当初は一時円安・株高に進みましたが、その後は予想外に円高が進む結果となりました。さらにマイナス金利で収益が悪化する銀行からも批判が噴出しました。

2016年6月には英国の欧州連合（EU）離脱決定などを受けて、1ドル＝100円前後まで円高が進みました。7月に日銀は、上場投資信託（ETF）買入れ額の増額など追加緩和策を決めました。さらにマイナス金利導入からわずか半年後の9月には、マイナス金利政策の副作用を緩和しつつ、より柔軟な金融政策運営を目指す「イールドカーブ・コントロール」政策を導入します。これは長期金利が過度に下がるのを抑えることで円相場など市場の安定をめざすものでした。矢継ぎ早の政策発動は、マイナス金利の弊害除去とともに、為替市場での円高への対応という意味があったと思われます。

「黒田ライン」はあったのか

黒田総裁は在任中に一度円安の限度を示すのではないかとみられた発言をしたことがあります。２０１５年6月10日の衆議院財務金融委員会での出来事です。

「実質実効為替レートでは、かなりの円安の水準になっている。実質実効為替レートがここまで来ているということは、ここからさらに実質実効為替レートが円安に振れるということはなかなかありそうにない」

この発言前に円相場は1ドル＝１２４円台半ばでしたが、黒田総裁の発言直後、円買いが急速に進み、１２２円台まで上昇しました。黒田氏が指摘したのは「実質実効為替レート」で１２５円という相場水準ではないのですが、その後市場では１２５円は「黒田ライン」と呼ばれ、日銀はそれ以上の円安を容認しないと受け止められました。円相場がこの「黒田ライン」の１２５円を超えて円安に進んだのは、２０２２年3月28日のことでした。その後も円安傾向は続き、22年10月には１５１円台まで円安が進みました。この間、黒田総裁からは

125円を意識したような発言はなく、「黒田ライン」というのは市場が勝手に想定していたものではないかと思います。

ただ、黒田総裁の在任中の10年間では、急激に円安が進んだ22年以降の最後の1年強をのぞいた期間の円相場は1ドル＝100〜120円程度で安定していました。この間は為替市場介入もありませんでした。

黒田氏の就任時の円相場は95円台でしたが、その後は円安上限の黒田ラインはともかく、円高方向では100円を突破する円高を回避するために金融政策が運営されていたように見えます。

日銀と為替相場の因縁

「資産価格バブルと金融政策：1980年代後半の日本の経験とその教訓」。2000年5月、日本銀行金融研究所が発表した論文（ディスカッションペーパー）のタイトルです。日銀の職員が個人名で執筆する論文で、その内容は日銀の公式見解を示すものではないという断り書きがついています。執筆者の名前には、日銀金融研究所長の翁邦雄氏と同研究所調査

図表3-3　プラザ合意後の日銀の金融政策

プラザ合意後、日銀が繰り返した利下げ	
▼85年	
9月	ドル高修正に向けたG5のプラザ合意
▼86年	
1月	円高進行、1ドル＝200円突破 日銀公定歩合引き下げ決定（5.0％を4.5％に）
3月	日銀利下げ決定（4.0％に）
4月	日銀利下げ決定（3.5％に）
10月	日銀利下げ決定（3.0％に） 為替安定に向けた日米共同声明
▼87年	
1月	円高進行、一時150円突破
2月	日銀利下げ決定（戦後最低の2.5％に） ドル安定に向けたG7のルーブル合意

役の白塚重典氏と並んで、日銀金融市場局審議役の白川方明氏の名前が入っていました。後に日銀総裁になる白川氏です。

この論文は1980年代後半の資産バブルと金融政策の関係を分析したものです。

「中央銀行の政策の重点を為替レートの安定に置こうとすると、為替市場への介入が必要となり、これにより金融政策の独立性が大幅に制約されることになる」

「当時の日本において、国内からは円高への懸念、米国からは経常黒字縮小と内需拡大の要請があった。また、インフレは落ち着いていたため、金融引き締めに対する世論の反対も強かった」

「中央銀行にとって（1980年代後半の）バブルの経験から得られる最大の教訓」として「経済が抱えるリスクを極力、潜在的段階で把握し、先行きを展望した金融政策を実施すべきである」と指摘しています。

この論文からは、1980年代の日銀の金融政策運営が、国際協調や為替安定を重視するあまり、金融政策の独立性が損なわれ、適切な政策判断が遅れたことへの反省が読みとれます。

速水優日銀総裁（2002年10月30日）
（ロイター/アフロ）

円高論者・速水総裁

論文が公表された時期は速水優総裁時代で、ちょうど日銀がゼロ金利政策に終止符を打つことを探っていた時期でした。前章でもふれましたが、日銀の独立性を認める新日銀法施行と同時に総裁に就任した速水優氏は「日銀の独立性誇示」という意味で強烈な印象を残しました。

もともと「円高論者」の速水氏は、政府が急激な円高防止で米国との交渉に苦労している時に、それに反するような発言を繰り返しました。また、2000年には、政府が議決延期請求権を行使し反対するなかで、ゼロ金利解除を強行しました。速水氏の脳裏には、先の日銀論文に示されたバブル期の金融引き締めの遅れへの反省があったのかもしれません。この時、日銀審議委員だった植田和男氏（現総裁）は、速水氏のゼロ金利解除案に対して「待つことのコストがそれほど大きくないのではないか」と反対票を投じました。

ゼロ金利解除時にはすでに米国のＩＴ（情報技術）バブルが崩壊しており、その後は政府や植田氏が懸念した通り、米国が景気後退に陥り世界経済も不況色を強めていきました。結局半年後には日銀は再び金融緩和に追い込まれてしまったのです。

新日銀法施行で「独立性」を強く意識した日銀に、ニクソン・ショックを経験した「円高論者」の速水氏が総裁として就任したことが、政府との摩擦を必要以上に高めた面もあるように思います。「新日銀法で独立はしたものの政策パフォーマンスはよくない日銀」というイメージを植え付け、後の安倍首相による日銀批判、リフレ派の台頭につながっていったのではないかと思います。

前の章でもみたように、速水氏の後任となった福井俊彦氏は、日銀の外からこうした騒動をみていたこともあり、政府と大きな摩擦を起こすことはなく、政府のドル買い・円売り介入に呼応するような形で、就任当初は積極的な量的緩和を進め、2006年3月にはデフレ脱却の展望が開けたとして量的緩和を解除し、2回の利上げを実施しました。この時は政府は議決延期請求権を行使せず日銀の利上げを容認しましたが、結果的にその後は物価は再びマイナスに転じ、08年のリーマン危機で世界経済は不況入りしてしまいました。

どこまでが日銀の金融政策の責任かどうかはともかく、当時は官房長官だった安倍晋三氏は回顧録などで00年の速水総裁のゼロ金利解除だけでなく、06年の福井総裁の量的緩和解除と利上げについても批判しています。

白川総裁の苦悩

衆参の多数派が異なる「ねじれ国会」のもとで、政府の日銀総裁人事案が否決されるという前代未聞の混乱のなか、2008年4月に、当初は副総裁候補だった白川方明氏が、福井氏の後任の第30代日銀総裁に就任しました。白川氏は、理論派で記者会見でも丁寧な説明を

白川方明日銀総裁（2008年6月13日）（ロイター/アフロ）

心がけていましたが、先の論文で示したように、為替相場を過度に意識して金融政策を運営することには慎重でした。

白川総裁の在任期間は2008年9月の米大手証券リーマン・ブラザーズの破綻後の世界金融危機、11年3月の東日本大震災など内外で危機的な出来事が相次いだ時期でした。リーマン危機後の米経済の低迷、米国の国債格下げ、FRBの量的緩和など、円高・ドル安の要因も重なりました。

白川時代の日銀も円高に対応して政策発動はしたのですが、白川氏からはしばしばその効果を疑問視するような発言も出ました。特に日銀への批判が強まるきっかけとなったのは、リーマン危機後の対応でしょう。

08年9月のリーマン破綻から世界金融危機が広がった10月8日、米欧6中銀が同時利下げに踏み切りましたが、これに日銀は加わりませんでした。危機の震源の米欧とは違い、日本の金融機関の経営は健全で、すでに日本の金利は低水準にあるというのが日銀の筋論でした。しかし、日本だけが利下げをしなかったこともあり、円高・株安が進行し、10月末には1ドル＝90円台に突入、日経平均株価も一時7０００円を割り込みました。

協調利下げ見送りから3週間後の10月31日に、日銀は利下げに踏み切りますが、利下げ幅は通常の0・25％ではなく0・2％にとどまりました。この結果、市場では日銀が金融緩和を出し渋っているという見方が広がってしまいました。

企業の資金繰り支援でも政府との対立があらわになりました。世界的な金融収縮で日本企業のコマーシャルペーパー（CP）の新規発行が難しくなったのを受けて、日銀にCPを購入するよう求める声が強まったのですが、日銀は個別企業の信用リスクをとることに躊躇していました。業を煮やした政府は日本政策投資銀行を通じてCPを購入する制度を創設しました。日銀は12月になって2度目の利下げとCP購入を決めるのですが、こうしたことも日銀への不信を強める結果となりました。

その後も、日銀は円高・株安に翻弄されました。円高・ドル安は、米国発の世界金融危機で米景気が後退し、ＦＲＢが大規模な金融緩和を実施したのが主因だったのですが、国内では「日銀が金融緩和競争に負けている」といった批判が強まったのです。

日銀もこうした批判を意識して２０１０年10月には、ゼロ金利政策の復活、上場投資信託（ＥＴＦ）などリスク資産の買い入れなど「包括緩和」を打ち出しました。

しかし、その後も11年には東日本大震災、欧州債務危機などを背景に円高が加速し11年10月末には円相場が1ドル＝75円32銭と史上最高値をつけました。

世界経済の大きなうねりのなかで起きたドル安・円高を日銀の金融政策だけで止めるのは難しかったかもしれませんが、「金融政策は為替相場をターゲットにすべきではない」という強い信念を持つ白川総裁のもとで「日銀は金融緩和に消極的」というイメージが膨らんでいきました。そしてそれが12年末の安倍政権誕生後の異次元緩和につながっていくのです。

図表3-4 白川総裁時代の市場と物価

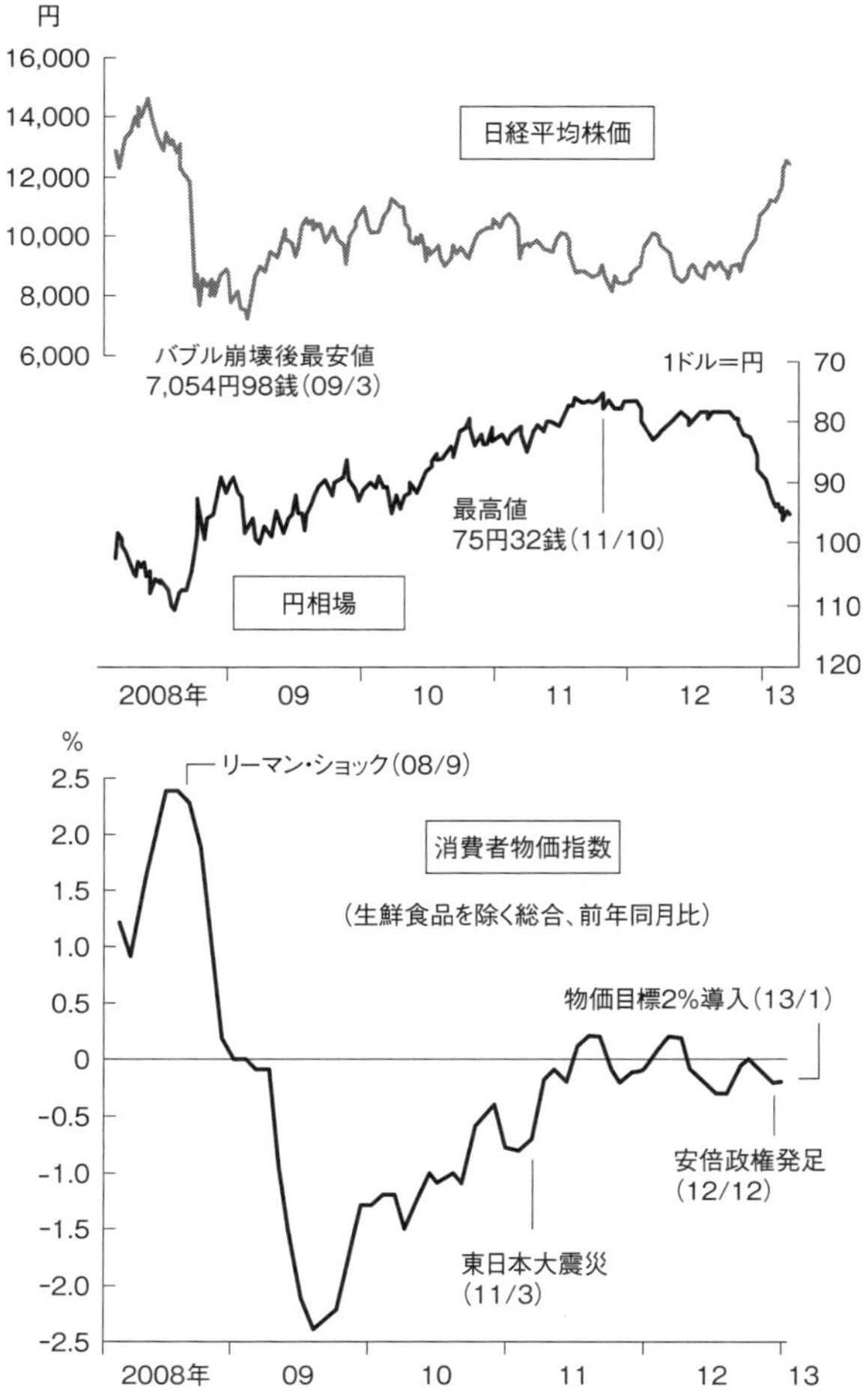

為替に非対称だった黒田日銀

白川氏の後任の黒田総裁は明言はしないものの、為替相場を強く意識して金融政策を運営していたことはすでにふれました。ただ、それは円高方向へのリスクでした。2%の物価目標を目指す日銀としては、国内にデフレ圧力をもたらす円高は回避したいという思いが強かったのではないかと思います。一方で市場で「円安→株高」という好循環が続いたこともあって、円安方向に振れることへの警戒感は強くなかったようです。

黒田総裁在任の最後の1年余りは円相場は急落し、2022年10月には1ドル=150円台まで円安が進み、財務省は24年ぶりに円買い介入を実施しました。これは黒田総裁が就任してからは初めての市場介入でした。それまでの9年間の為替相場は介入なしで市場に任せたというよりは、黒田総裁のもとでの異次元緩和で円高を回避し続けたという側面が強いと思います。

黒田氏は「円安は全体でみれば日本経済にはプラス」と言い続け「為替政策は政府の仕事、相場の急変動には市場介入すればよい」と突き放していました。もともと黒田氏は、役割分担が持論で、「日銀は物価安定に責任を持つ」「財務省は為替安定に責任を持つ」という分担にこだわりがありました。

そこで財務省は2022年に封印していた円買い介入に動いたわけですが、市場関係者は財務省が円安に歯止めをかけようとしている一方で、日銀は異次元緩和を継続しているので、日米金利差が縮小せず円安圧力は減らないとみていました。

政府と日銀が為替相場に対してちぐはぐな方向を向いているようにみえたのは、ちょうど速水優総裁時代と似たような構図でした。当時は黒田財務官が円高阻止に必死になっているのに速水総裁は円高に無頓着のように見えました。今回は神田財務官が円安阻止に必死になっているのに黒田総裁は円安をあまりに気にしていないように見えたのです。

「黒田さんは為替に無頓着というよりは円高進行への危機感が強く、円安に対してはそれほどではなかったということではないか」と財務省の元幹部は指摘しています。確かに黒田時代の日銀は円高進行には敏感に追加緩和などで反応する一方、円安にはあまり反応しない「非対称性」がありました。

「本当は日本にとって怖いのは円高より円安だと思うのだが」とこの財務省元幹部は付け加

図表3-5　黒田総裁時代の市場の動き

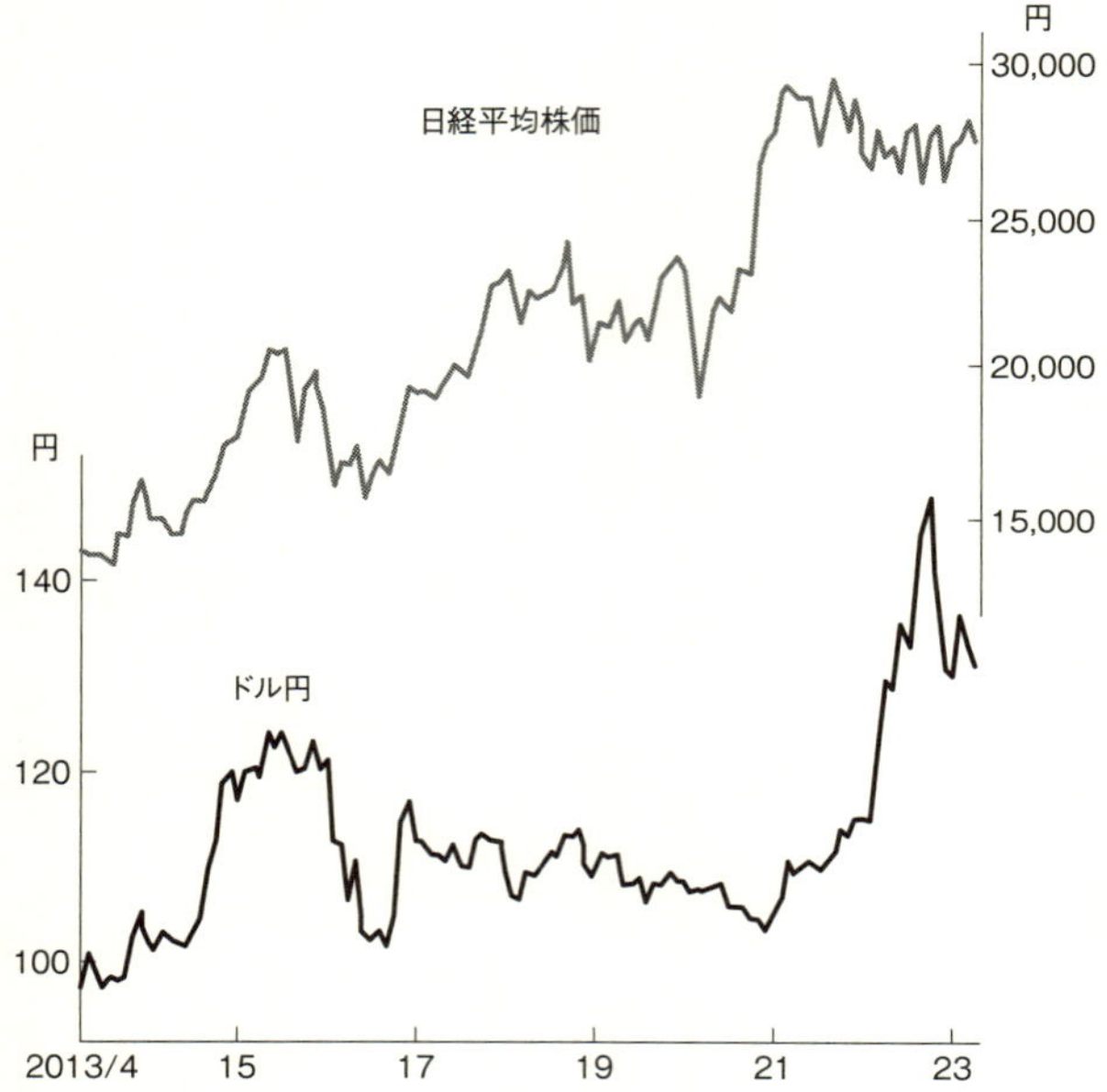

えます。政府債務が拡大する中で円安が「日本売り」につながるリスクがあるということです。このあたりはニクソン・ショック、プラザ合意以降、長年円高に苦しめられてきた黒田氏ら旧世代と、日本の国力が落ちてきた最近の世代との為替認識にギャップがあるのかもしれません。

中央銀行のトラウマ

この章では日本銀行と為替相場についてみてきました。

日銀の金融政策は為替相場に影響を与えますが、それ以上にこの半世紀はむしろ日銀の金融政策が為替相場に振り回され続けてきたようにもみえます。

今から14年前、ちょうど白川日銀総裁が円高対応に苦労していたころに、私は日経電子版に次のような記事を書きました。少し長くなりますが、引用します。

主要国の中央銀行、それぞれのトラウマ（ニュースこう読む、2010年11月5日）

人間はそれぞれ生い立ちや経験が違うように、国家にもそれぞれの歴史に根ざした忘れられない記憶がある。経済政策の運営も、そうした国が抱える「トラウマ」（心的外傷）から逃れられない。最近の各国の中央銀行や政策当局の動きを見て、そんな思いを強くする。

11月3日、米連邦準備理事会（ＦＲＢ）はＱＥ2と呼ばれる金融緩和政策に動き出した。1930年代の大恐慌の傷を深くした一因として、ＦＲＢの早すぎる金融引き締めが指摘される。自身が大恐慌の研究家として知られるバーナンキ議長。今回の金融緩和からは、真性デフレに陥る前にＦＲＢが積極的に動き、大恐慌時の過ちを繰り返さないという決意が読み取れる。多くの失業者が街にあふれた大恐慌の記憶は、ＦＲＢに「物価安定と最大限の雇用」という「デュアル・マンデート」（二重の使命）を与えた。大恐慌の悪夢は米国民そして政策当局者にも今もトラウマとして残っているようだ。

その米国と対極のトラウマを抱えるのが、ユーロ圏の中核のドイツだろう。第1次大戦後のハイパー・インフレーションを教訓としてドイツの中央銀行ブンデスバンクは伝統的に頑固と言われるまで「物価安定」を最優先した。その伝統を引き継いでいるのが欧州通貨統合後に発足した欧州中央銀行（ＥＣＢ）である。

ブンデスバンク出身でＥＣＢ創設メンバーだったオトマール・イッシング氏。今年夏にインタビューした際に「ブンデスバンクのＤＮＡをＥＣＢに植え付けた」との評についてたずねると、「物価安定が大事という意味であればそう言われてもかまわない」という答えが返ってきた。

最近では次期総裁の有力候補の一人で理事会メンバーのウェーバー独連銀総裁が、ＥＣＢの国債買い取り措置を「効果がない」と批判して話題をよんだ。ＦＲＢが追加緩和をしても、ＥＣＢ内では追随しようという空気はない。ドイツの狂乱インフレの記憶はＥＣＢ

の今の政策運営にも影響している。

英国はどうだろうか。国際通貨基金（IMF）の支援を受け入れざるをえなくなった1970年代のポンド危機、英国病の記憶だろう。キャメロン政権は財政再建を急ぎ、イングランド銀行も量的緩和で側面支援するのは、英国の威信を傷つける国際的な信用危機を再び起こしたくないという意志が感じられる。

日本にとってのトラウマはやはり円高だろう。1971年8月に米国が突然、金とドルの交換を停止し、戦後の1ドル＝360円という固定相場が崩壊した。この出来事は「ニクソン・ショック」と呼ばれるほどの衝撃を日本に与え、円高はその後、日本のトラウマになった。円高はその後、たびたび日本の政策決定に影響を及ぼすことになる。85年のプラザ合意後の日銀の金融緩和、03〜04年の大量ドル買い介入、そして今回の日銀の「包括緩和」しかりである。

最後に世界が注目する中国のトラウマは何か。最近の人民元改革について、大幅な切り上げを求める米国などの圧力に「人民元切り上げで輸出企業が苦境に陥れば社会不安を招く」と慎重姿勢をとっている。1960年代後半から70年代前半の文化大革命、1989

年の天安門事件など社会に混乱が広がるたびに経済停滞を余儀なくされてきた中国。社会不安こそが今後の発展への大きなリスクと映っているのだろう。

それぞれのトラウマを抱える各国の政策を協調・調和させることは容易ではない。政策協調の一歩は「なぜ相手がそこまでそれにこだわるのか」を理解するところから始まるのかもしれない。

この円高トラウマに対し強く反応したのが黒田日銀総裁の「異次元緩和」であったのかもしれません。

中央銀行と為替の距離

第1章の「令和のブラックマンデー」でもみたように、今の植田和男日銀総裁も円相場とのつきあいにはてこずっているように見えます。植田総裁は、黒田総裁時代の10年の異次元緩和からの正常化を自らの課題と考えています。２０２４年のマイナス金利解除の際も「普通の金融政策」に戻ることを宣言しました。

図表3-6 円相場と植田総裁発言

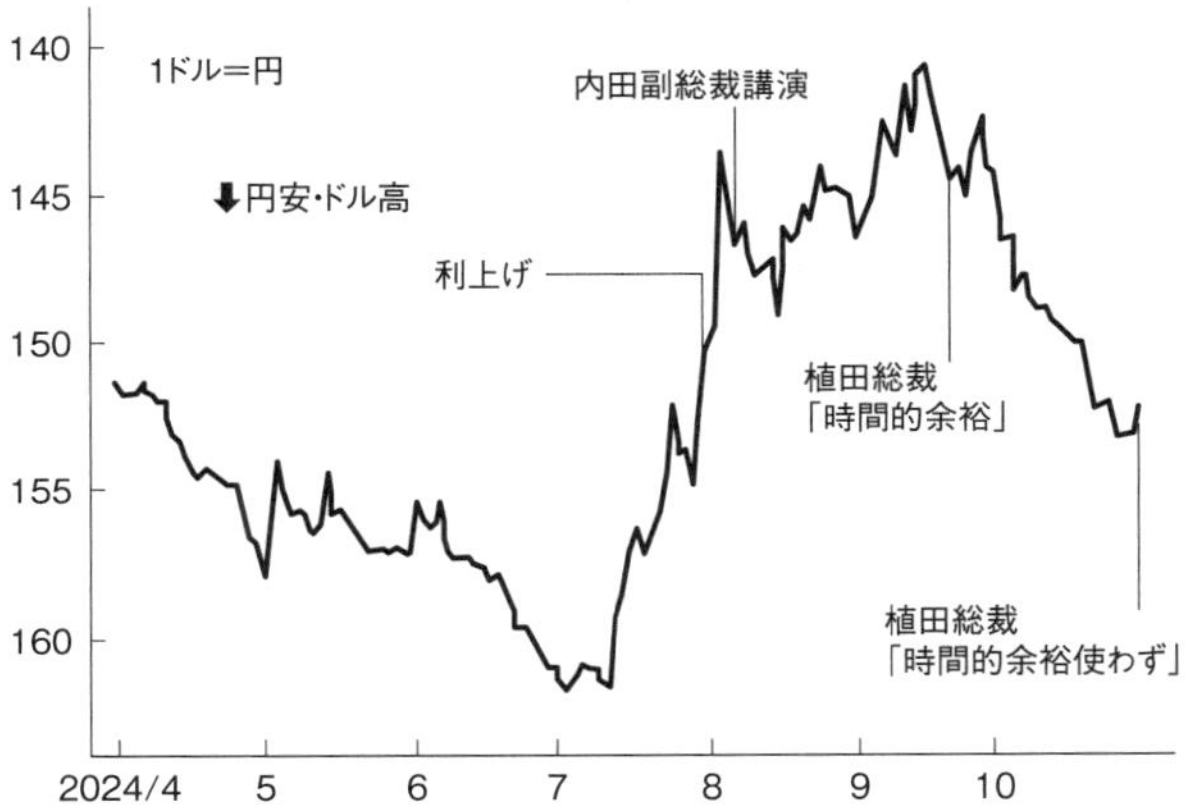

ただ、植田総裁も円相場の動きは無視できなくなっています。24年4月末に植田氏自らの発言で円安を招いたこともあり、それ以降は総裁会見などでの発言では円相場に配慮しているように見えます。7月末の追加利上げの際に「円安による物価上振れリスクの高まり」を理由にあげ、間接的ながら円安を考慮する姿勢を鮮明にしました。9月20日の政策決定会合では政策変更はありませんでしたが、総裁は「政策判断にあたって（米経済リスクなどを）確認していく時間的余裕がある」と発言しました。

当時の円相場は1ドル＝142円台で、7月末の152円台からは円高方向に戻っていました。市場では「円安一服」が「時間的余裕」につながっているという観測が広がり、日銀は円安が進めばそれを阻止するために利上げに動き、円安が進まなければ利上げは急がないという解釈もあらわれました。

次の10月末の政策決定会合時には円相場は151円台と再び円安に振れていましたが、政策変更は見送りました。さらに植田総裁は「時間的余裕という表現は今後、使わないことになる」と述べ、この言葉で市場に混乱を与えないようにしたい意向を明らかにしました。一方で「過去と比べて為替の変動が物価に影響を及ぼしやすくなっている点は引き続き留意する必要がある」と円相場の動きにも目配りする姿勢をあわせて示しました。市場関係者が円相場の動きを金融政策決定の重要な要因とみるなかで、金融政策と為替相場の適切な距離について、植田日銀は試行錯誤しているようにみえます。

中央銀行と為替市場の間合いのとり方は難しいところがあると思います。為替相場に寄り添いすぎても、無頓着すぎてもいけないのでしょう。ただ、「ガラパゴス化」という点でいえば、先進国でこれだけ中央銀行の金融政策と為替相場の関係が議論され、中央銀行も目配りしているのは日本とスイスぐらいでしょう。スイスはユーロ圏と経済依存関係が深く、自国通貨スイスフラン安定のため中央銀行が市場介入や金融政策を駆使しています。通貨危機などにさらされやすい小国や新興国では、通貨防衛のために金融政策を使用することはありますが、主要な先進国では国内経済・物価情勢に主眼を置くのが常識になっています。日本経済が為替相場の変動に左右されやすいという構造的問題もあると思いますが、それも含めて「ガラパゴス化」といってよいでしょう。

歴代財務官――(左から)大場智満氏(共同)、行天豊雄氏(ロイター/アフロ)、榊原英資氏(ロイター/アフロ)、溝口善兵衛氏(共同)

第4章

都市伝説③「円相場は通貨マフィアの腕しだい」

――進化する介入大国

日銀総裁の条件

「国際金融マフィアというかそのサークルの中のインナーとなり得る能力も重要だろうと思う」。2013年2月8日、安倍晋三首相は衆院予算委員会で、次期日銀総裁の条件についてこう語りました。その理由として「例えば大胆な金融緩和を進めればいわれのない批判も受ける場合があるが、その時にちゃんと説明していただく能力は大変大切だろうと思う」と説明しました。この時点で安倍氏は、元財務官でアジア開発銀行（ADB）総裁の黒田東彦氏の起用を内定していたので、黒田氏を念頭にした発言だったと思われますが、これまで日銀総裁の条件としてはあがらなかった「国際金融マフィア」という言葉に意外感を持った人も多かったのではないかと思います。

実は「国際金融マフィア」という言葉はあまり一般的ではなく「通貨マフィア」というのが普通です。日本で言えば財務省の財務官を指すことが多く、主要7カ国（G7）財務相・中央銀行総裁会議をはじめ通貨問題を扱う国際金融会議で黒子として活躍する政府幹部を意味する言葉です。日本で「通貨マフィア」が注目されるようになったのは、1985年のプラザ合意のころからです。財務官は事務方では事務次官に次ぐナンバー2、国際担当次官の地位にあるのですが、それまではそれほど注目されるポストではありませんでした。

ところがプラザ合意でG5、G7といった国際金融会議や為替介入、政策協調などのニュースが注目される中で、常に大臣、日銀総裁とともに会議に出席する「財務官＝通貨マフィア」に注目が集まったのです。

とはいえ黒田氏までは日銀総裁の候補に財務官出身者があがることはありませんでした。それまでは日銀総裁は日銀プロパーか財務省の大物次官経験者がなるというのが慣例でした。安倍首相は、かねて日銀の金融政策に批判的だった黒田氏の起用で、積極的な緩和を進めることを期待したのです。同時に国会でも説明したように為替問題に詳しい「通貨マフィア」としての素質を評価したところもあったと思います。

特に私が注目したのは「大胆な金融緩和を進めればいわれのない批判も受ける場合があるが、その時にちゃんと説明していただく能力」という部分です。この発言当時は当然「異次元緩和」を始める前でしたが、すでに白川方明総裁のもとで政府と日銀は2％物価目標達成に向けた共同声明を発表し、追加の金融緩和期待から円安が進んでいました。これに対し米国をはじめG7参加国からは「通貨安誘導ではないか」という懸念の声があがっていたのです。

安倍氏の発言は、こうした海外の円安誘導批判にしっかり反論できる人物が日銀総裁として望ましいという意味だったと考えられます。

安倍首相の「国際金融マフィア」発言から4日後の2月12日、主要7カ国（G7）財務相・中央銀行総裁が緊急共同声明を発表しました。声明では、各国の財政・金融政策について「国内目的の達成に向けられており、為替相場は目標にしないことを再確認する」と明記しました。この声明づくりに米財務省で関わったマーク・ソーベル氏は「本来は得られるべき注目を得られなかったが、とても重要な短い声明だった」と振り返ります。

当時、米国がアベノミクスの金融緩和策で最も懸念していたのは、「日銀による外貨建て資産の購入案」でした。安倍首相のブレーンの浜田宏一エール大学名誉教授（内閣官房参与）らが提唱していたもので、金融緩和策として日本の国債以外に米国債など外債も購入してはどうかという案です。米財務省はこの案に強く反対したのです。ソーベル氏は「我々はアベノミクスの（金融緩和を含む）3本の矢は支持していた。ただ、金融政策として外貨建て資産を買うことは支持しなかった。それは国内金融市場での操作ではなく、円安を進めるための市場介入とみなされる可能性があったからだ」と語っています。アベノミクスの初期段階で、日米間で金融政策と為替相場をめぐり厳しいやり取りが交わされていたのです。

黒田氏は日銀総裁に就任後、金融緩和に伴う円安進行について国際会議などで概ね次のような主張をしました。

「異次元緩和の目的は、デフレ脱却と2％の物価安定目標の達成であり、為替相場をターゲットにしたものではない」

「金融緩和政策は国内経済のために行っており、為替相場を意図的に誘導するものではない。円安は金融緩和の結果として起こる副次的な効果であり、政策の主目的ではない」

この説明を受けてG7の財務相・中央銀行総裁も、日銀の金融緩和政策を受け入れました。米連邦準理事会（FRB）のバーナンキ議長は、2013年5月の議会証言で日本の政策への支持を明言しました。かつてFRBも量的緩和を実施し、為替市場でドル安が進んだときに、ブラジルなど新興国から通貨安誘導との批判にさらされました。バーナンキ議長はこの時に米国の金融政策は国内経済をみて運営しているもので為替誘導ではないという趣旨の反論をしていました。バーナンキ氏はもともと日本に積極的な金融緩和を求めていたこともあり、黒田氏の説明を受け入れ、日銀を支持したのでしょう。

通貨マフィアの起源

「通貨マフィア」という言葉が日本で広く使われるようになったのは、1980年代後半から90年代初頭にかけてです。

前述したように日本では85年の「プラザ合意」の印象が鮮烈でした。それまでは秘密会合だった主要5カ国（G5）の蔵相・中央銀行総裁会議が突如、表舞台に表れ、協調介入や協調利下げなど派手な行動に出たからです。この舞台回しをしていたG5蔵相代理（通称G5D）にも脚光が当たります。通貨を陰で操るイメージから「通貨マフィア」と呼ばれるようになりました。そもそもこの言葉は和製英語で、欧米で「Currency Mafia」などと言っても通じません。試しに通貨マフィアをネット検索してみても出てくるのは日本語の情報ばかりでした。

日本で「通貨マフィア」として最初に脚光を浴びたのが、プラザ合意の時に大蔵省財務官をつとめた大場智満氏です。世界のジョークを集めるのが趣味の大場氏は座談の名手で、「通貨マフィア」を日本で広めるのに大きな役割を果たしました。

バブル前夜、日本の経済パワーが世界で急拡大する時期という時代背景もあったと思います。日本が国際通貨外交の舞台で、米国と並んで主役をつとめるといったある種の「晴れがましさ」もあったのかもしれません。

大場氏の次の財務官の行天豊雄氏は、流ちょうな英語を使う大蔵省国際派のプリンスとも言うべき人物で「ルーブル合意」時に財務官を務め、退官後は米プリンストン大学でボルカー元FRB議長とともに教鞭をとり、共著書を出すなど国際的に活躍しました。次の財務官の内海孚氏は駐米公使時代にプラザ合意を裏で支え、日本のバブル絶頂期に財務官を務めました。

プラザ合意以降の円高で、日本の銀行、生命保険会社など金融機関や企業は、強い円を背景に世界の不動産や企業を買いまくり「ジャパンマネー」として恐れられました。プラザ合意後の財務官たちにとっては、こうした日本の強さを恐れる米欧などとの経済摩擦をどう回避するかということも大きな課題でした。

ところがその後の日本の「通貨マフィア」の役割は大きく変わっていきます。1990年代初頭のバブル崩壊とともに、日本経済の長期停滞が問題になるようになり、経済に悪影響を与える円相場の急変動を抑えるために、市場介入などで米欧の協力・理解を得ることが大きな役割になったのです。すでに前の章でみたように圧倒的に「守り」の仕事が多くなりました。

そんな中で、財務官は為替介入の「指揮官」として注目される存在になりました。その最初が大胆な為替市場介入と派手な言動が目立った榊原英資氏（1997〜99年）です。市場関係者から「ミスター円」という称号を得ました。

その次に巨額のドル買い介入をした溝口善兵衛氏（2003〜04年）は「ミスター・ドル」と名付けられました。その後は大きな介入はなくなりましたが、令和になって、円安進行に対して24年ぶりに巨額の円買い市場介入を始めた神田真人氏（2021〜24年）を「令和のミスター円」と呼んだ人もいます。

現在はG7では市場介入をしないことが原則になり、新興・途上国のように巨額の市場介入をすることに名付けられる「ミスター」はあまり名誉な称号ではないでしょう。

ちなみに米欧では、財務官に相当する人がこれほど有名になることはありません。サマーズ元米財務長官、欧州中央銀行総裁を務めたジャン・クロード・トリシェ氏、マリオ・ドラギ氏らも、もともとは日本で言う「通貨マフィア」の仲間ですが、有名になったのは財務長官や中銀総裁などの要職についてからです。

ガラパゴス的進化の為替介入

「介入大国」の日本では、介入の規模が大きく頻度が高いだけでなく、その手法も多様に進化してきました。１９８０年代のプラザ合意時から様々な介入手法が編み出されてきました。そのいくつかを紹介しましょう。

まず一国・地域の通貨当局が独自に実施する為替介入は「単独介入」、特定通貨の相場が急激に変動した時に複数の国・地域の当局が連携して実施するのが「協調介入」です。

海外の中央銀行に依頼して海外市場で為替取引を行う「委託介入」というのもあります。日本の休日や夜間に介入を実施する場合は、日銀が海外市場に直接注文して取引するか、海外の中央銀行に委託します。米国市場の場合はニューヨーク連邦準備銀行、ユーロ圏は欧州

図表4-1　1995年以降の為替介入

	為替介入の種類	金額	目的
1995年2月～1995年9月	円売り・ドル買い	約5兆円	円高防止
1998年4月	ドル売り・円買い	約3兆円	円安是正
2001年9月	円売り・ドル買い	約3兆円	米同時多発テロ後の円高防止
2003年5月～2004年3月	円売り・ドル買い	約32兆円	円高是正「溝口介入」、日銀の量的緩和
2011年3月～12月	円売り・ドル買い	約14兆円	東日本大震災後の円高是正
2022年9月～10月	ドル売り・円買い	約9兆円	円安是正
2024年4月～7月	ドル売り・円買い	約15兆円	円安是正

出所：財務省

中央銀行（ＥＣＢ）に委託します。これは日本の取引時間より欧米の取引時間のほうが、円相場の値動きが激しくなることとも関連しています。

特定の相場水準を指定して注文を出し続ける「指し値介入」という手法は、日本が開発しました。一定の相場水準での介入にとどめることで、一方向への為替誘導という批判をかわす効果があります。

経済指標の発表にあわせ相場の流れに乗る「追い打ち介入」というのもあります。２０２４年７月の米消費者物価指数発表にあわせて政府・日銀が円買い介入を実施しましたが、こうした相場を動かす重要指標にあわせて介入するのも日本の「匠の技」です。

「押し上げ（押し下げ）介入」というのもあります。相場をある方向に水準訂正するための介入のことです。古くは一定水準までのドル高是正を目指した「プラザ合意」が有名ですが、1995年に米国が長年のドル安に終止符を打った「秩序ある反転」の際に、日本はドルの「押し上げ」あるいは円の「押し下げ」介入を実施しました。

前述したように、95年1月に財務長官に就いたウォール街出身のロバート・ルービン氏は「為替相場を通商政策の道具にしない」とドル安誘導を否定し、「強いドルは国益にかなう」という「強いドル」路線を打ち出しました。

95年4月、円相場が1ドル＝79円75銭と当時の変動相場制移行後の最高値を付けた直後の7カ国（G7）蔵相・中央銀行総裁会議は「為替相場の秩序ある反転」で合意し、共同声明に明記しました。その後も、しばらく円高・ドル安基調が続きましたが、転機となったのが7月です。日米が同時金融緩和にあわせて協調ドル買い介入に踏み切ったのです。8月には欧州も加わる日米欧の協調介入も実現し、9月には円相場は100円台まで下落しました。

当時は加藤隆俊財務官、後に「ミスター円」と呼ばれる榊原英資氏が国際金融局長、介入の最前線で実務を担ったのが国際金融局為替資金課長の勝栄二郎氏でした。後に次官として

図表4-2 為替介入の種類

単独介入	1つの国・地域が単独で実施する介入
協調介入	複数の国・地域が協調して実施する介入
口先介入	売買はせず当局者が発言で通貨を誘導
委託介入	海外の中銀に依頼して海外市場で介入
指し値介入	特定の相場水準を指定して注文を出し続ける
押し上げ（下げ）介入	相場の水準の訂正をねらう介入
追い打ち介入	指標発表時など相場の流れに乗じて介入
覆面介入	介入実施を即座には明かさず実施する介入
レートチェック	日銀が介入準備のため相場水準を照合すること
3者会合	財務省、日銀、金融庁の幹部が会合し市場をけん制

消費税引き上げなどで剛腕を発揮する勝氏は介入でも強気で押すタイプでした。省内の会議で「1ドル＝100円を年内に達成する」と円高是正の目標を明言し、それに向けて米国とも協調して円押し下げを実現したのです。

榊原氏は当時の介入の状況を著書（『財務省』新潮社）で次のように振り返っています。

「この時、筆者は勝と相談しながら介入の手法を大きく変更しました。それまでは『スムージングオペレーション』と言って、円がオーバーシュート（価格が急激に変動）した時、少額の介入を繰り返すことが通常のパターンでした。しかし、頻繁な介入に市場が慣れてしまい、介入の効果が長続きしなくなってきたのです。そこで、一回の介入の額を大幅に増加し、しかも介入を執拗に繰り返しました。アメリカと完全に協調できていたのでしばしば協調介入も交え、特に規制の緩和も組み合わせ、資金の日本からの流出を図りました」

ルービン米財務長官は後に「為替相場は市場に任せる」という原則に立ち戻り、介入には慎重姿勢に転じましたが、ドル安是正を目指したこの時期は日本との協調介入にも応じていました。

覆面介入

為替介入は実施した後にその事実を公表する場合と、すぐにはしない「覆面介入」があります。プラザ合意のころ、日本の旧大蔵省は介入を公表することはなく、介入の注文を受けた銀行など市場関係者に取材して初めて介入実施の事実がわかるという場合が大半でした。介入金額も現在のような形では公表していませんでした。当時の為替介入は今よりミステリアスなものだったのです。

21世紀に入り、国際的に、特に先進国では為替相場の決定は市場にまかせ、市場介入は例外的措置でなるべく実施しないほうがよいという考え方が広がりました。その結果、介入を実施する際も透明性が求められるようになり、日本でも介入の実施時期と介入額の詳細を事後的に発表するようになりました。現在は、財務省が毎月末に直近1カ月に実施した合計介入額を公表しています。どの日にどれだけの金額の介入したのかといった詳細データは別途四半期ごとに明らかにしています。

2022年9月に約11年ぶりに円買い介入を実施した際には、財務省の神田真人財務官が記者団に「先ほど断固たる措置に踏み切った」と介入の事実をすぐに公表しました。一方、翌10月の円買い介入の時は、神田氏は「介入の有無についてはコメントしかねる」とすぐには公表しませんでした。

口先介入も進化

「為替介入大国」の日本では実際に外貨売買を伴う「実弾介入」ではなく、言葉で市場をけん制する「口先介入」も進化していきました。「為替相場の過度の変動は望ましくない」「為替相場はファンダメンタルズを反映するのが望ましい」というのが普通でしたが、しだいに「市場を注視」「必要な場合は断固たる措置をとる」といった介入をにおわす発言にかえてい

図表4-3　口先介入の段階

市場へのメッセージ	段階	内容
弱	口先介入の水準引き上げ	相場についてはコメントしない
↓	口先介入の水準引き上げ	為替相場は安定的に推移するのが望ましい
↓	口先介入の水準引き上げ	急速な変動は望ましくない
↓	口先介入の水準引き上げ	必要であれば適切な措置を講じる
↓	口先介入の水準引き上げ	あらゆる措置を排除せず必要な対応を取る
強	準備	市場参加者に相場水準を尋ねる「レートチェック」を実施
	実行	円買いか円売りの介入

きます。２０２２年には神田財務官は「スタンバイ」という言葉で市場をけん制しました。すでに見てきたように、「実弾介入」の場合は相手国（主に米国）との調整など事前準備が難しく、実際に外貨準備という国の資産を動かさなければならないので、「口先介入」で為替の過度の変動を抑えることができれば通貨当局にとっても安上がりなのです。

「3者会合」の誕生

２０２２年9月に円買い介入に踏み切るまでの約11年間は介入はありませんでした。この間の大半の時期は黒田日銀総裁の異次元緩和のもとで相場が安定していたのですが、それでも何度か円高に振れた際に、財務省が市場介入を準備したことがあります。結局、介

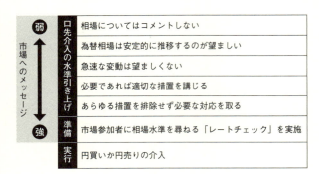

3者会合（2022年6月10日）（共同）

入はしないですんだのですが、その過程で生み出された新たな「口先介入」の手法が、財務省、日銀、金融庁という3つの金融当局者幹部による「3者会合」です。
「政府と日銀が話をしていることをもっと表で見せられないのか」。2016年3月2日に初めて開かれた「3者会合」は、当時の安倍政権で官房長官を務めていた菅義偉氏のこうした発案がもとにありました。「政府と日銀は日々意見交換をしているというが、それをもっと市場関係者などに見えるようにできないか」という発想です。
事務方で検討し、財務省と日銀だけだと生臭くなるので、金融庁も加えてということでスタートしたのが「3者会合」でした。初回会合は財務省の会議室で、財務省から浅川雅嗣財務官、日銀からは雨宮正佳理事、金融庁から森信親長官らが参加しました。「国際金融資本市場に関する情報交換会合」というのが正式名称で、当初は市場への緊急対応を意識したものではありませんでしたが、ちょうど日銀のマイナス金利導入後に円高が進んでいた時期だったので、この3者会合は市場をけん制するものと受け止められました。

当初は、開催場所も財務省、金融庁、日銀の持ち回りにして月1回程度開くことを想定していました。しかし、金融庁のある庁舎で開いた際に同庁がメディアを会議室に入れることに難色を示し、終了後の財務官の記者会見も、金融庁の中でやるか外でやるかでもめたのです。3者会合は中身よりも開いたことをメディアを通じて表に出すことが重要な会議ですから、これではまずいということで毎回、財務省で開くことになりました。

最初は月1回の定期開催でしたが、英国の国民投票での欧州連合（EU）離脱決定で円高・株安に市場が振れたのを受けて6月25日に緊急開催しました。その後7月8日、8月3日と月1回のペースで開きましたが、8月18日には円相場が1ドル＝99円台と100円の大台を突破する円高・ドル安に進んだのを受けて緊急に開催しました。終了後に浅川財務官が為替相場について「投機的な動きがないかどうかは絶えず注視し、もしあれば必要な対応をきっちりとると確認した」と市場をけん制しました。

「3者会合」の生みの親の菅義偉官房長官は8月30日、都内での講演で「私たちは財務省、金融庁、日銀の3者会合を定例化した。為替には常に最大の関心を持って注視している。その時々に必要なことはしっかり行う」と会合の意義を強調しました。

この会合は当初の創設意図からは少し変質しましたが為替市場への口先介入の手段として使われるようになりました。為替相場の変動がいきすぎたり、金融市場の動揺が起きたときに、金融当局の「やってる感」を出して市場をけん制する効果をねらったのです。本当の危機時の意見交換ならば、わざわざメディアのカメラの前に現れなくても、電話やメールですぐにできるはずです。

「3者会合」の後は財務官が記者団の前でコメントするのが通例でしたが、円安が急激に進んだ2022年6月10日の会合では終了後に声明文を公表し「最近の為替市場では、急速な円安の進行が見られ、憂慮している」とストレートな表現で市場をけん制しました。しかし、相場の勢いが強いときはこうした口先介入には限界があります。実際の介入がないと思えば投機筋はさらなる仕掛けに動いてきます。22年の円安局面でも最後は9月に円買い・ドル売りの実弾介入に動くことになりました。

政治家も為替に関心

「3者会合」の生みの親の管義偉元首相は、官房長官時代に日本経済新聞とのインタビューで「私の重要な危機管理の一つに為替がある」と語りました。

管氏に限らず、日本の政治リーダーの為替相場への関心の高さは、先進国の中では異例といえるでしょう。これはなぜでしょうか。第2次大戦後の米国の占領下で1ドル＝360円という固定相場が決められ、その後の1971年のニクソン・ショックなど政治的な影響で為替相場が決まったこと、日本は米国との経済関係が深く輸出主導の発展をとげたためドル円相場に大きな影響を受けたことなど、いくつか理由があると思います。戦前の金本位制時代から、金本位制離脱、復帰（金解禁）、再離脱など為替相場の変動に政治が左右された影響もあるのかもしれません。

近年の政治家が為替の安定を重要な仕事と意識するようになった大きなきっかけは、19

85年の「プラザ合意」だと思います。

当時の中曽根政権の蔵相の竹下登氏は次の首相を狙うニューリーダーの1人で、プラザ合意を蔵相としての大きな成果として誇りました。当初は協調介入や協調利下げなど華々しい通貨外交の立役者と受け止められたのですが、円高が予想以上に急速に進み、国内では「円高不況」への批判が相次いだことで、立場が危うくなりました。竹下氏がこの時「命に気をつけろよ」と友人から助言されたことはすで紹介しました。

その後、竹下氏の後任の蔵相に、安倍晋太郎外相と竹下氏と並ぶ「安竹宮」と呼ばれたニューリーダーで経済通の宮沢喜一氏が就きました。宮沢氏はプラザ合意に日本が応じたことを批判しており、円高に歯止めをかけ為替を安定させることを使命としていました。宮沢氏は豪腕のベーカー財務長官と交渉を重ね、日銀に協調利下げをするよう圧力をかけながら、円高・ドル安の進行に歯止めをかける「ルーブル合意」を実現しました。

当時を知る財務省OBは「プラザ合意からルーブル合意への動きは竹下氏と宮沢氏の政争の面もあった」と指摘します。いずれにせよプラザ合意は、経世会（竹下派）と宏池会（宮沢派）という自民党の2大派閥の領袖が、為替問題が一国のリーダーにとって大変な問題だと再認識するきっかけになったのではないかと思います。

その後の日本の政治家たちも為替相場の動きには敏感に反応するようになります。竹下派の大幹部で後に蔵相、首相を務めた橋本龍太郎氏は次のように述懐しています。「蔵相時代、一番気になっていたのは為替です。毎朝6時のNHKさんで、前日のニューヨークの終値を聞いて、もう一眠りしましたから。G7会議などの場で日本の黒字が問題になるなかで、円安・ドル高になると、非常に厄介だと思っていました」(2005年12月のインタビュー、『日米通貨交渉　20年目の真実』)

2022~24年の超円安には岸田文雄政権も翻弄されました。最初は円安は日本経済全体でみれば企業収益を引き上げるのでプラスと言っていましたが、円安による輸入品の値上がりへの国民の不満が高まり、ガソリン、電気・ガス料金引き下げへの補助金、定額減税など物価高対策の補助金や減税を繰り出しました。

岸田首相自身は、植田日銀総裁に円安是正のためにもう少し早く異次元緩和の修正に動いてほしかったのかもしれませんが、金融緩和継続を求める自民党内の旧安倍派にも配慮して日銀に強い圧力をかけることはありませんでした。

岸田首相は、物価上昇を上回る賃上げを企業に要請し、24年の春季労使交渉（春闘）では33年ぶりの高い賃上げ率が実現しました。ただ、名目賃金から物価変動の影響を除いた実質賃金はなかなか上向かず、政治とカネの問題もあって政権支持率は低迷、24年8月には退陣表明に追い込まれました。円安がすべてではないにしても、岸田政権を悩ませた大きな経済問題の一つだったことは確かです。

政治家が特に為替相場の動向への関心が強いというのも日本の「ガラパゴス的」な現象の一つでしょう。政治家の経済問題への感度が高いとも言えますが、「為替相場への強い関心」が財務省や日銀への大きな政治圧力にもなって、財政・金融政策に影響を及ぼしてきたのは確かです。

米国でも為替相場が政治問題化することはありますが、それは製造業が、外国の為替相場誘導で輸出競争力が落ちたと文句をいう時に限られます。米財務省が半期ごとの為替政策報告書で、各国の為替介入状況などを監視するようになったのも、こうした声を意識したからです。そうは言っても全体でみれば為替変動についての、米産業界の反応は日本ほど大きなものではありません。

介入に限界はあるか

「ドル買い介入ならいくらでもできるが、外貨準備を使うドル売り介入は限界がある。円安阻止は難しい。私もドル売り介入で外貨準備の10分の1くらいを使い『これ以上できない』と思ったことがある」（2022年6月、日本経済新聞のインタビュー）

1998年に円安を阻止するための円買い・ドル売り介入を実施した榊原英資元財務官は、為替介入の限界についてこう語りました。円売り介入は、自国通貨の円の調達は容易なので極端に言えば無制限に介入することが可能です。一方、外貨を売る円買い介入は、日本が持つ外貨準備の額という物理的な限界があるということです。

「世の中で言われている限界というのは全く間違っている。断言する」。2024年5月、神田財務官は記者団にこう語りました。ドル売り介入の原資になる外貨準備の多くを占めるドルは預金のほか米国債などドル建て証券で保有しています。米国債を市場で売却するのは米金利上昇などにつながり難しいので、すぐに介入原資になるのは預金に限られるという見方について反論したものです。ただ、実際、どのように介入するのかについては「どういう仕組みかについては手の内を明かすことになるので申し上げない」と詳しくは語りませんでした。

その後、財務省は7月11日と12日に合計5・5兆円の円買い・ドル売り介入を実施したと公表しました。

同じく財務省発表の7月末の外貨準備高は1兆2190億ドルと、6月末から124億ドル（1%、約1・8兆円）減りました。減少は4カ月連続ですが、この減少分が為替介入の原資になったとみられます。保有している外国債券の利息収入など増加要因もあるので、為替介入の規模より外貨準備の減少は少なくなっているとみられます。

7月の外貨準備高のうち外国債券などの証券が170億ドル減って9111億ドルになりました。米国債などは介入原資として売りにくいという見方もあっただけに、証券保有額の減少は市場関係者の注目を集めました。神田財務官が指摘したように外貨準備のうち証券は売りにくいから介入原資にならないという見方を打ち消すものとも言えるからです。

外貨準備高が「介入の限界」にならない根拠としては、介入資金の借り入れによる調達という手法があります。

日本の通貨当局は、米欧中銀やアジアの国々と2国間でドル資金を融通する通貨交換（スワップ）協定を結んでおり、いざという時に市場介入の原資となる外貨の調達は問題ないと考えているようです。通貨危機に見舞われたトルコでは、２０２２～23年に通貨リラの買い支えの市場介入を実施しましたが、トルコは外貨準備を使い果たした後も、カタールなど外貨準備を豊富に持つ湾岸産油国からの借り入れで介入資金を調達したとされています。

為替介入は必ず勝つか

為替市場介入は相場がいきすぎた時、つまり円が安すぎる時に買い、円が高すぎる時に売ることになります。為替相場が長期的に上がったり下がったりする一定のレンジ内で動くとすれば、介入はドルなど外貨を底値の近くで買い、高値の近くで売るのです。うまいタイミングで介入に入ればもうかることになります。

実際に介入を実施する当局者はもうけなど気にするどころではなく、相場の急激な変動が経済全体に悪影響を与えるのをいかに抑えるのかに必死なのですが、データをみれば介入はもうかっています。

外国為替資金特別会計（外為特会）の含み益は2022年度末で19兆円超でした。過去の円高・ドル安局面での介入で買ったドル資産を米国債などで運用しているので、今の円安・ドル高で円換算の含み益が膨らんでいます。ただ、円ベースで利益を出すには、保有しているドルやドル建て証券を売らなければなりません。今回の円売り・ドル買い介入では、一部含み益は実現益になっているのです。政治家がこうした資金源を見逃すわけはありません。防衛費増額の財源でも外為特会の剰余金の一部充当の話がでたほか、24年の自民党総裁選では「増税ゼロ」の財源として外為特会の含み益を充てる案もでました。ただ剰余金や含み益を使うには外貨を大量に売るか、売れない場合は国債を発行して円を調達することになるのでそう簡単なことではありません。

榊原英資元財務官は「勝つ介入は良い介入」と言いましたが、為替介入は通貨当局が必ず勝つわけではありません。むしろ世界をみると為替介入は敗北の歴史です。

最も有名なのは1992年のヘッジファンド投資家、ジョージ・ソロス氏による英ポンド売りでしょう。英国は通貨を一定の変動幅におさめるERM（欧州為替相場メカニズム）という仕組みに入っていましたが、それを狙ってソロス氏がポンドに売りを仕掛けたのです。

イングランド銀行はポンド買い支えに動きましたが、投機の波には勝てず、ついに英国はERM離脱に追い込まれました。英国政府の完敗で、それが起こった1992年9月16日はブラック・ウェンズデー（暗黒の水曜日）と呼ばれています。ソロス氏はこの事件をきっかけに「英政府に勝った男」として市場で名声を確立することになりました。この時にソロス氏のもとで次期米財務長官に指名されたスコット・ベッセント氏が働いていたことはすでにふれました。

もう一つはスイス国立銀行（中央銀行）によるスイスフラン売り介入です。2008年のリーマン・ショックやその後の欧州債務危機で、スイスフランを安全資産として買う動きが強まりました。ちょうどこの時に円も安全資産とみなされ円高が進みました。スイスは、輸出が国内総生産（GDP）の過半を占めており、通貨高、特に対ユーロでのスイスフラン上昇は同国経済にとって脅威になります。スイス中銀は11年9月に、1ユーロ＝1・20スイスフランの上限を設定し、上限を超えて高くなりそうな場合は無制限にスイスフラン売り・ユーロ買い介入をすると宣言したのです。徹底介入を表明したことで、当初はあまり介入しなくても通貨高はおさまっていましたが、12年になってギリシャのユーロ離脱の懸念が広がるとスイスフラン高圧力が高まりました。中銀のユーロ買い介入額が急増し、外貨準備はGDPの7割を超える規模に達しました。結局、15年1月にスイスフランの上限撤廃に追い込まれました。スイス中銀のヨルダン総裁は「国際情勢の変化から持続可能でないと判断した」とその理由を語りました。介入で買ったユーロ建て資産の含み損が膨らんだことが背景にあったようです。

英国、スイスの例は、いずれも一定の相場目標を維持しようとした結果、それが投機筋に狙われて打ち崩されたというものです。先進国ではありませんが、1997〜98年のアジア、中南米の新興市場国の通貨危機も、投機にさらされたのはドルと連動する固定相場制をとる国でした。

世界ではこうした固定相場制や、介入で相場変動を一定範囲内におさえる目標相場圏の失敗などから、為替相場は市場の動きに任せることを原則とし、市場介入には否定的な考え方が主流になっています。

財務官のジレンマ

「日・米など先進国の自国通貨建て国債のデフォルトは考えられない」
「格付けは財政状態のみならず、広い経済全体の文脈、特に経済のファンダメンタルズを考慮し、総合的に判断されるべきである」
「例えば、以下の要素をどのように評価しているのか。マクロ的に見れば、日本は世界最大の貯蓄超過国。その結果、国債はほとんど国内で極めて低金利で安定的に消化されている。日本は世界最大の経常黒字国、債権国であり、外貨準備も世界最高」

これは2002年5月に財務省が、大手格付け会社のスタンダード・アンド・プアーズ（S&P）、ムーディーズ・インベスターズ・サービス、フィッチの3社あてに送った意見書の一節です。筆者は当時の財務官、黒田東彦氏です。同年4月にS&P、5月にムーディーズが、財政赤字と政府債務の拡大を理由に日本国債の格付けを相次いで引き下げたことについての反論です。

普段は日本の政府債務拡大など財政の先行きに警鐘を鳴らしている財務省ですが、格付け

図表4-4 政府総債務のGDP比の国際比較

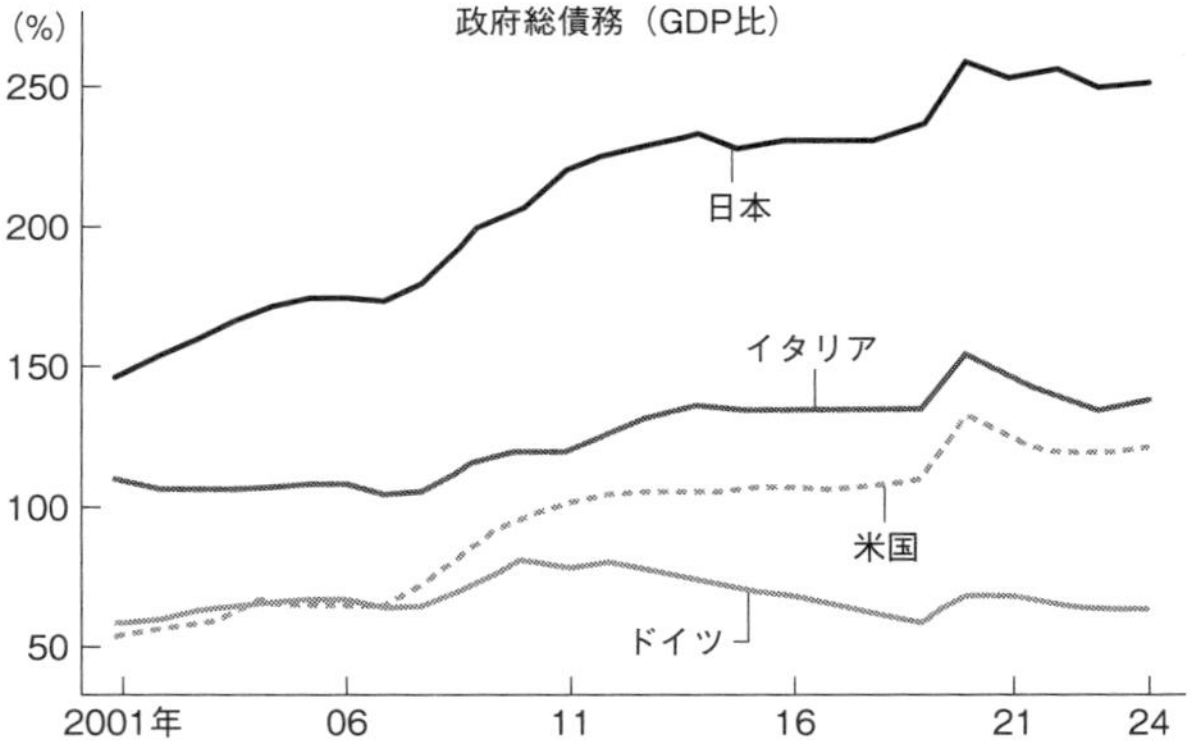

出所：IMF

会社向けの意見書では、日本の財政の健全性に問題はないことを強調しています。

日本で積極的な財政出動を求める人々は、この意見書を材料に「財務省も『自国通貨建て国債のデフォルトは考えられない』と言っているので、国債はどんどん出して大丈夫」という議論を展開しています。

これは国際金融外交の最前線に立つ財務官のジレンマでもあります。国内では財務官僚として政府の借金拡大に警告を発し、財政健全化の重要性を国民に訴える立場です。ところが海外の格付け会社や投資家が日本の財政の先行きに懸念を持った場合は「日本の財政は大丈夫」と反論し不安を鎮めなければなりません。市場で不安が広がると円安・株安など日本売りが進み、それが日本の信用力をさらに低下させるという負の連鎖につながりかねないからです。

国内と国外で言っていることが違うではないかと、一見「二枚舌」にみえる発言をしなければならないのが、歴代財務官たちの悩みでした。

為替介入についてもそうでしょう。為替介入の指揮官である財務官は、メディアの注目を集める介入をやりたくてしょうがないのではないかと思っている人もいるかもしれません。ただ、これまでみてきたように日本以外の主要先進国では為替介入というのはすでにタブーに近くなっています。数えきれないほど国際会議に出席している財務官もそれは百も承知で、市場介入は格好の良いことではないのです。日本の為替相場についての特異な状況から仕方なく市場介入を選択せざるを得なくなり、必要に駆られて介入技術の革新を重ね、「匠の技」の水準に上がってきたのです。

ある元米財務省高官は日本の介入政策について「洗練されている」と語っています（やや皮肉も入っているかもしれませんが）。

私が本書のタイトルに「ガラパゴス」を使おうと思ったきっかけは、この日本の為替介入の進化があります。1980年代は日本以外の先進国も為替介入をして目標相場圏の実験をしていた時代で、介入のやり方にも大差はなかったと思います。ところが90年代後半から主要先進国が市場介入をやめ、為替相場は市場に任せることが国際標準になるなかで、日本は引き続き超円高や超円安に市場介入で対応し、その技術は進化し特異な発展をとげました。まさにガラパゴス現象です。

為替相場は本来は「相場」なので上がったり下がったりするのが当たり前なのですが、日本の国民や企業の多くは「為替相場の安定」が望ましいと思っています。政治家もそうした国民の声にこたえて「為替相場の安定」を政治の優先課題と考え、それを「通貨マフィア」に託します。しかし市場を介入の力で押さえつけるのは限界もあります。

国際決済銀行（BIS）の調べによると2022年の世界の外国為替市場での円の取引額は約1兆2530億ドル、07年の5730億ドルから2・1倍に拡大しています。国が信用を失って資金逃避が起きて通貨が急落する場合は、介入をするといってもやはりどこかに限界はあるでしょう。

日本以外の主要7カ国（G7）では「通貨マフィアが介入で為替をコントロールする」と

に介入していたかもしれない…

いう発想が消えています。ある米財務省ＯＢは「１９９０年代から２０００年代初頭に介入に積極的だった榊原、黒田、溝口財務官時代に比べると最近の財務官は考え方が変わってきている」とみています。それでも介入をしなければならなくなるのは「政治問題だろう」と指摘しています。「為替相場は通貨マフィアの介入で何とかできる」という「都市伝説」から日本が脱却するときはくるのでしょうか。

円ドル相場は75円（2011年10月）から（右、AP/アフロ）
161円（2024年7月）（左、つのだよしお/アフロ）まで円安に

第5章

都市伝説④
「円相場は実体経済を反映する」
――だが市場は常にいきすぎる

日本経済新聞

朝刊・夕刊 LIVE Myニュース 日経会社情報 人事ウオッチ NIKKEI Prime

速報 ビジネス マーケット 経済 国際 オピニオン もっと見る

外為17時　円相場、反落　152円台後半　実需の売り観測で

為替概況 ✓フォロー済み

2024年11月1日 17:23

保存

1日の東京外国為替市場で、円相場は反落した。17時時点では前日の同時点に比べ40銭の円安・ドル高の1ドル=152円64～66銭で推移している。国内輸入企業など実需勢の円売り・ドル買い観測が円相場の重荷となった。もっとも、日銀の早期の追加利上げ観測を背景にした円買いも入り、円の下値は限定的だった。

日経の為替場況

場況記事はむずかしい

駆け出しの記者のころ、為替相場の場況記事を担当したことがあります。「場況記事」というのは、その日の市場の取引の状況を伝える短い記事で、新聞ではマーケット面などに掲載されます。

例えば2024年10月19日付の日本経済新聞朝刊にはこのような為替場況が掲載されていました。

円相場は4日続落した。午後5時時点は1ドル＝150円08～11銭と、前日の同時点に比べ32銭の円安・ドル高だった。米利下げペースが緩やかになるとの見方から円売り・ドル買いが優勢だった。

場況には円相場が「上がった、下がった、小動き」などの値動きとともに、その理由を書かなければなりません。この記事では「米利下げペースが緩やかになるとの見方から」というのがそれにあたります。

私が担当していたのはもう40年近く前のことなので今とは多少違うのかもしれませんが、場況を書くときは、銀行など外国為替を取引する金融機関の為替ディーラーに電話をして、取引の状況を取材します。

「今日は売りが多いですね」「大口の買いが入りました」などとディーラーが言います。新聞では円買い、円売りなどと書きますが、為替ディーラーは基本的にドルを中心に考えますから、売りと言えばドル売り、買いと言えばドル買いです。「相場が上がっている」というのもドル相場が上がっているという意味です。円相場を中心に円が上がったか下がったかを書かなければならない日本の場況記事とは反対なので、まずそこで戸惑います。注意しないと円安・ドル高を間違えて円高・ドル安と書いてしまうおそれもあります。

さらに困るのは相場が上がったり下がったりする明確な理由がないときです。為替相場は経済のファンダメンタルズ（基礎的条件）を反映するといわれています。それを探る貿易収支や雇用統計などの経済指標の発表や、日米の金融政策の変更などの「相場材料」があればいいのですが、毎日それがあるわけではありません。為替ディーラーに何で上がっているのか聞いても「買いが多いから」「大口の買いが出た」ぐらいしかわかりません。それに円ドル相場を大きく動かす経済指標は米国の取引時間帯に発表になるのでその時に相場は動きますが、東京市場ではそれほど相場を大きく動かす経済指標の発表はありません。

大体、東京市場の取引は前日の米国市場の相場基調を引き継ぐことが多いのですが「前日のニューヨーク市場のドル買い基調を引き継いで」などとばかり書いていると、デスクからは怒られます。その結果、相場の状況を示すいろいろな表現を手をかえ品をかえ使う場況記事の技術が日に日に磨かれるのです。これも為替市場を重視する日本の「ガラパゴス現象」の一つかもしれません。海外経済紙の英フィナンシャルタイムズや米ウォール・ストリート・ジャーナルのマーケット面には、為替相場の記事が出ることもありますが，圧倒的に多いのは株式や債券相場の記事です。

為替相場は一方向に動くのではなく、日々上がったり下がったりするのですが、そのたびに場況記事では「米雇用統計が悪化して米国の利下げ観測が強まり円高・ドル安が進んだ」「米消費者物価指数の上昇が鈍化し米利上げ観測が後退し円安・ドル高が進んだ」などと書きます。しかし、ほんの数日で経済のファンダメンタルズが変わるのだろうかという疑問もわきます。雇用統計が悪化するという円買い・ドル売り材料の指標が発表になっても、事前の予想よりは悪化の程度が少なかったので、むしろ円売り・ドル買いが進むということもあります。為替相場の動きの取材をしているうちに、日々の相場の動きにはあまり理屈がないのではないかと感じるようになりました。駆け出し記者の私は、何とか辻褄のあう場況を書きながらこんな疑問を深めていったのです。

ファンダメンタルズって何だ？

「為替相場はファンダメンタルズ（経済の基礎的条件）を反映し安定的に推移することが重要であり、為替市場の動向を注視している」

２０２４年8月6日午後、三村淳財務官は、財務省、金融庁、日銀の幹部による3者会合後に、こう語りました。

「ファンダメンタルズ」。為替相場をめぐり政策当局者が繰り返すこの決まり文句。日ごろは簡単に聞き流してしまいますが、経済のファンダメンタルズって一体何でしょうか？

中長期的な経済の状態を反映する基礎的な要因といった意味ですが、為替相場で使われる場合は、「今の為替相場はファンダメンタルズに沿った動きではない、だからファンダメンタルズを反映すべきだ」と政策当局者が市場をけん制する場合に使われることが多いようです。

それではファンダメンタルズを反映した為替相場とは何でしょうか。それは適正な為替相場はどうすればわかるのかという話にもつながります。

よく言われるのは購買力平価（ＰＰＰ）です。これは為替相場は短期では様々な要因で変動するが、長期的には2国間の物価が均衡する水準に落ち着くという考え方です。同じ商品が米国で1ドル、日本で１００円で買えれば、為替相場は1ドル＝１００円が妥当と判断します。

これを簡単に計算するやり方として有名なのは、英エコノミスト誌が算出する「ビッグマッ

図表5-1　ドル円購買力平価と実勢相場の推移

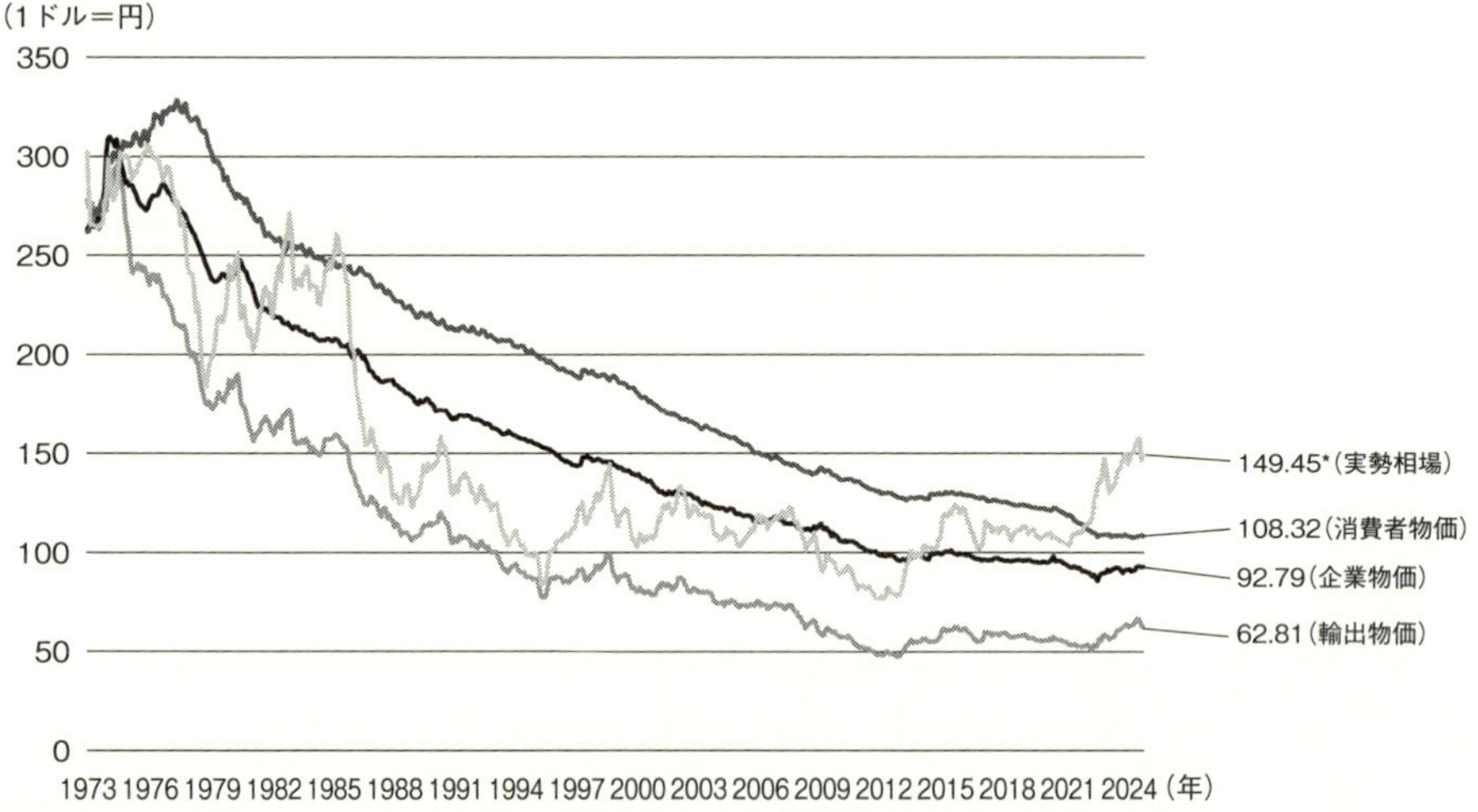

(出所) 国際通貨研究所

ク指数」です。米マクドナルドの「ビッグマック」の価格を比較し、各通貨の実力を測る指数で、日本は2024年1月時点でマイナス46・5と過去最低を更新しています。つまり日本のビッグマックのドル表示の値段は米国より46・5%も安い水準ということです。

国際通貨基金（IMF）の推計では、円ドルの購買力平価レートは1ドル＝90円程度です。しかし過去の実際の円相場はかなり購買力平価とかけ離れた水準にありました。長期的にはその水準に落ち着くと言われても、今ひとつピンときません。実際の世界では、すべてのモノが自由に取引されるわけではなく、2国間で比較すべき物価水準の選択も難しいため購買力平価にも限界があるといわれています。

為替相場の決定理論

為替相場の決定理論として有名なものに、アセットアプローチとフローアプローチがあります。アセットアプローチは、金融市場での資本取引などを重視するものです。外国証券などに投資する投資家は各国の株式、債券など金融資産から得られる期待収益率やリスクを比較し、より有利な資産に投資します。その決定には、各国の金利差、インフレ率、経済のファンダメンタルズなどが大きく影響すると考えられます。

フローアプローチは、外国為替市場での貿易など実際の取引による需給が為替相場を決めるという考え方です。単純化すると、輸出が増えると外貨受取が増え、それを円に交換する（円買い）ので円高、輸入量が増えれば外貨が必要になるので外貨買い・円売りが増え円安になりやすくなるということです。

アセットアプローチは金融市場や資本取引を重視し、短期的な変動を説明するのに適しているのに対し、フローアプローチは実物経済や貿易取引を重視し、長期的なトレンドを説明するのに適しているといわれます。

最近の円安をめぐる市場での解説も、日米金利差に着目するものもあれば、国際収支統計の経常収支などを重視する見方もあります。

筆者に難しい為替決定理論を評価する能力はありませんが、どうも「これが決定版」というものはないようです。

流行がある注目指標

為替市場関係者は、相場を動かす材料として様々な経済指標や事象に目をこらしています。最近でいえば米国の雇用統計、消費者物価指数などの経済指標が特に注目されます。また、米連邦準備理事会（ＦＲＢ）や日本銀行の幹部の金融政策に関する発言、政府関係者の為替相場についての発言なども相場を動かします。それ以外に、米中対立、ウクライナ危機、中東での紛争やテロなどいわゆる地政学リスクも見逃せません。為替市場の場況記事を書くということは、相場の材料になる世界の森羅万象も見なければならないので、記者としては勉強になる仕事だと思います。

長く為替市場を眺めていると、市場が注目する材料にも流行りすたりがあることがわかります。私が為替市場の取材を始めた１９８０年代後半ごろに最も注目を集めていたのは、米国の貿易収支統計です。米国の対日貿易赤字が急拡大していた時期で、米貿易赤字が拡大するとドル売り・円買い、縮小するとドル買い・円売りというのが基本でした。また、対日貿易赤字が拡大すると、米政府がドル安誘導をするのではないかという観測が市場で生まれ、ドル安が進むということもありました。金融政策との関連では80年代前半に、毎週発表になる通貨供給量（マネーサプライ）が市場の注目を集めていた時期もありました。

1990年代半ばになると米経済指標では雇用統計がより注目されるようになりました。日米貿易摩擦が一段落してきたのと同時に、米国の金融政策との関連で雇用統計、特に非農業部門雇用者数の動きが注目されるようになったからです。雇用者数が予想を上回ると、景気過熱でFRBが金利を上げるという見通しが出て、ドル買いが進むといった具合です。最近では人工知能（AI）などハイテク産業の市況を占う米半導体大手エヌビディアの四半期決算も市場の注目材料になっています。

経済指標記事の裏側

私は1998~2002年までワシントンに駐在していましたが、重要な仕事の一つに米国の経済指標の発表記事を書くことがありました。当時私が担当したのは毎月の雇用統計と四半期ごとの国内総生産（GDP）でした。こうした指標は米国東部時間の午前8時半に発表になります。市場が注目する重要指標なので世界の通信社が発表と同時に速報します。そのために記者は、雇用統計を発表する労働省と、GDP統計を発表する商務省の通称「ロックアップルーム（監禁部屋）」に発表の30分から1時間前に集められます。入口で携帯電話などは取り上げられ外部とは通信ができないようにしたうえで、各メディアの記者に発表前の雇用統計やGDPの資料が配られます。記者はその資料をみて記事を書き始め発表時間前までに完成させ、役所の担当者のカウントダウンの合図で発表時間と同時にパソコンのキーを押して速報を電子メディアに送るのです。朝早く起きて遅刻もできないし、時間内に原稿を書き終わらなければならないので、とても緊張する仕事でした。

もうひとつ、ワシントンで重要な速報の仕事は、FRBの発表です。特に重要なのは金融政策を決める米連邦公開市場委員会（FOMC）の会合後の発表と、FRB議長の議会証言でした。

今はFOMCの後にFRB本部で議長が記者会見をするようになったので政策変更もFRB本部でするようになったようですが、当時は議長会見はなかったので記者は米財務省の記者室に集まり、そこでFRBから政策変更の有無についての連絡を受けとり、それを携帯電話などで速報するという形式でした。また、FRB議長の議会証言は、経済指標と同様に議会証言開始前に議会内の一室がロックアップルームになり、そこで事前に用意された証言原稿が配られ、それを記事にして開始時間になったら一斉に流すという方式でした。当時はグリーンスパンFRB議長の全盛期で、難解なグリーンスパン氏の証言原稿と格闘した思い出があります。ロックアップルームは時間内に答案を書きあげなければいけない試験会場のようでした。為替市場で話題になる「雇用統計」「FRB議長証言」の裏側にはこんな記者の姿もあったのです(コロナ禍を契機に雇用統計など経済指標のロックアップはなくなりネットでの発表になりました)。

少し横道にそれたので、話を為替相場はどうやって決まるのかということに戻しましょう。最近の為替相場をみていると、円ドル相場では日米金利差が大きな要因になっているようにみえます。2022年以降の円安・ドル高も米国のインフレ長期化でFRBの金融引き締めが長期化し、米国の金利高が続く一方、日本銀行は異次元緩和で超低金利を続けたため、日米金利差は拡大傾向、あるいは縮小しないという見方から円売り・ドル買いが進んだという説明が一般的です。24年7月の為替介入後の円安一服や、8月の「令和のブラックマンデー」の時の円キャリー取引の巻き戻しといった動きも、米国の利下げ観測と日銀の利上げで日米

図表5-2 日米金利差と円相場

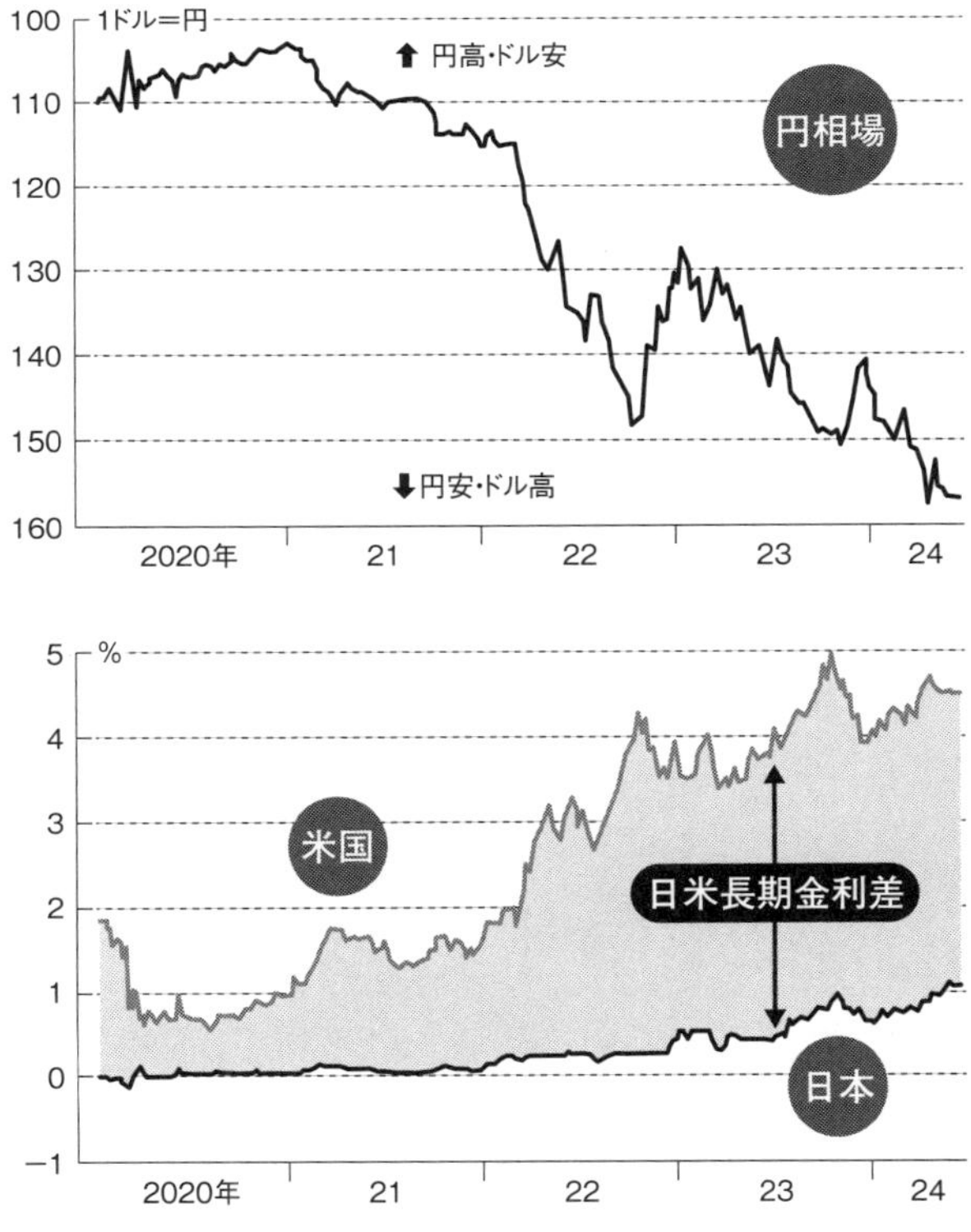

金利差が縮小に向かうという見方が出たためと説明できます。

重要なのは米国要因

為替相場をながめてきた経験から、感覚的なことを言えば、円ドル相場に大きな影響を及ぼすのは日本より、米国の経済状況と金融政策だと思います。もちろん日本経済や日銀の金融政策も円相場の材料にはなるのですが、相場の基調を決めるのは圧倒的に米国の要因が大きいと思います。

単純化していえば、米国の経済が好調でインフレ率が高まればＦＲＢが金融を引き締め、金利を上げるのでドル高、その逆に米経済が悪化しＦＲＢが金利を下げる時はドル安傾向になるということです。多少の例外はあっても、基本はこうした流れで動いているようにみえます。

特に米国の経済が急速に悪化し、景気が後退する時はドル安が進みやすい傾向があります。例えば米国発の金融危機の２００８年のリーマン・ショック時には、急激にドル安が進みました。また20年に世界的に感染が拡大した新型コロナウイルス禍の際も、為替市場では、米経済の悪化、米金融緩和の思惑からドル安が進みました。米国が景気後退に陥るときは、世界も同時に不況になり日本や欧州の経済も悪化することが多いのですが、こういう時は米国の影響が圧倒的に大きいので、日本にとっては景気後退下に円高・ドル安が進むことになります。日銀が金融緩和に動いても、米国よりもその度合いが少ないといった理由で、円安にはならずに円高になることが多くなります。こうなると、輸出企業にとっては米経済悪化に伴う世界での需要減少と円高のダブルパンチになるわけです。

２０２２年以降の円安・ドル高局面では、米国の景気が強くインフレで、米金利が高止まりする一方、日本の金融緩和で日米金利差は縮小しないのでドル高・円安基調が続いてきました。しかし、24年3月に日銀が異次元緩和の解除に動いたのに続き、9月に米連邦準備理事会（ＦＲＢ）も金融緩和に転換したのを受けて、今後日米金利差は縮小する見込みです。そうなれば、ドル安・円高傾向になるとみるのが普通です。

ただ、今後の米国経済の転換しだいでは状況が変わる可能性もあります。例えば25年1月に就任するトランプ次期米大統領が、公約した政策を進めると米国でインフレ懸念が再燃するリスクがないとは言えません。物価上昇率が鈍化したのを受けて金融緩和に転換したＦＲ

Bが、再び金融引き締めに追い込まれる可能性もあります。そうなるとドル高・円安要因ですが、さらに米景気後退とインフレが同時進行するスタグフレーションで世界同時不況に陥るようなことになれば今度はドル安・円高に進むかもしれません。為替相場の大きな流れをみるには、日本だけでなく米国の経済状況と政策からは目が離せません。

為替は何で決まる

為替相場がどうやって決まるのか、もっと基本的なことを考えてみましょう。

為替市場は外貨を売買する市場なので、その外貨に対する需要と供給で値段が決まります。市場が正しく機能していれば、ある商品を買いたい人と売りたい人がいて、買いたい人が多ければその商品の値段は上がり、売りたい人が多いとその商品の値段は下がるということになります。

問題は為替市場の場合（他の株式や商品などの相場もそうですが）、実際に商品（為替相場の場合は外貨）を必要としている人以外に、その商品が上がると思うから買って、上がったら売ってもうけようという値ざや稼ぎ（投機）の参加者が多いことです。その投機をする人々が様々な思惑をもって売買するので相場の変動は大きくなります。

日本は特に値ざや稼ぎのための個人の外為取引が多い国です。1998年に個人向けの外国為替証拠金（FX）取引が解禁されたのをきっかけに、日本の個人投資家は「ミセス・ワタナベ」などと呼ばれ海外でも有名になりました。

金融先物取引業協会によると、24年1～10月の店頭FX取引額（速報ベース）は約1京1500兆円に上り、3年連続で1京円を超えました。日本の個人金融資産は銀行預金のシェアが大きく、政府は「貯蓄から投資へ」と呼びかけていますが、少ない元手で多額の投資ができる投機性の高いFX取引がこれだけ発達したのは興味深い現象です。個人でも自動売買や高頻度売買、キャリー取引など手法は多様化し、プロ並みの取引をする投資家もいます。個人のFX取引の高度な発展は、為替相場に国民の関心が異常に高い日本の「ガラパゴス現象」のひとつと言っていいでしょう。

話を戻します。為替相場は中長期的には成長力や国力を反映するのかもしれませんが、短期的には金利差や経常収支、雇用統計、物価指標、金融政策など経済の循環的な材料に反応して決まるようにも見えます。前述したように、日本人の関心が高い円ドル相場の場合は、長い目でみると米国経済の景気循環、金利サイクルにあわせたドルの動きが基調を作っていると思います。その循環とともに、その時々の日本の固有の要因（日米貿易摩擦、異次元緩和、東日本大震災……）などで円高や円安の投機にさらされて、激しく揺れ動いているのが実態です。

循環論と構造論

為替相場を動かす材料には「循環的要因」と「構造的要因」の2つがあり、これが絡み合っているようにも見えます。循環的要因は、景気や金利の変動です。これは景気サイクルとそれに応じた金融政策の変化が大きな影響を及ぼします。円ドル相場でいえば、前項でも説明したように米国の景気、金利要因が最も大きいと思います。

構造的要因は、経済をとりまく構造的な変化です。日本で言えば、少子・高齢化、人口減少に伴う潜在成長率の低下や、国際収支で円売りが起こりやすい構造的な変化が起きているといった話です。構造要因は循環要因に比べると、より中長期的な方向性を示すものだと思います。構造要因が強くなると、循環的要因で相場の変動はあっても、その変動のレンジが徐々に円安あるいは円高方向に動いていくということがあると思います。

ただ、かつての超円高、今回の超円安局面もそうかもしれませんが、景気や金利など循環的要因で相場が例えば円安に進むと、ある段階で「この円安は構造的なものでもう戻らない」という見方が出て、それが円安を加速し、最後はバブルになるといったこともあると思います。

相場のストーリーが重要

相場が大きく動くときは、特に投機には「ストーリー」が大事で、実態がそこまでいっていなくても、それらしい「ストーリー」ができると、それに乗って皆が取引するので、その「ストーリー」を信じていなくても、波に乗って取引しなければもうけられないということがあります。

最近の円安は日本の国力低下の反映しているという議論があります。確かに円安で、なかなか海外旅行にも行きにくくなり、貧しくなったように感じます。巨額の政府債務を抱えるなかで通貨がどんどん安くなっていけば、資金逃避が起こって、通貨危機に陥るのではないかという懸念も理解できないわけではありません。ただ15年ほど前は、我々は円高は困る、「円高亡国」だと騒いでいたことも忘れてはなりません。あの円高の時に「通貨は高くなって日本は強くなった」「購買力が増してよかった」という議論は起こりませんでした。

気を付けなければいけないのは「円売り→日本売り」というストーリーです。つまり、円安が日本の国家の信用力の低下につながる投機を招きかねないことです。2022～24年の円安局面は日米金利差に着目したもので円安と同時に株高も進みました。これが日本売りとなると、「円安・株安」が同時に進む可能性が高くなります。1997～98年の日本のバブル崩壊後の金融危機時に一時、こうした日本売りのリスクが出て、日米で協調円買い介入をしたことはすでに説明しました。

日本の政府の借金は膨らみ財政赤字は先進国で最悪になっています。すぐに財政破綻ということにはなりませんが、例えば国債の格下げなどをきっかけに、そうした懸念が市場で強まっていくリスクはあります。財務省が日本国債の格下げの際に格付け会社に強く抗議したのはこのためです。国家として投機筋につけこまれないようにリスク管理をするという発想も必要なのです。

円高でも円安でも急激な変動やオーバーシュートは問題ですが、どの水準が経済実態を反映した相場なのかを確定するのはむずかしいことです。それができないから固定相場から変動相場に移行したという面もあります。「為替相場はファンダメンタルズ（経済の基礎的条件）を反映すべきだ」というのは、主要7カ国（G7）や20カ国・地域（G20）の会議などでは合意しやすい「正論」ですが、その水準はどこかと聞くと答えは様々でしょう。

ここまで読んでいただいて申し訳ないのですが、結局、為替相場は何で決まっているのか本当のところはよくわからないというのがこの章の結論です。

第6章 円相場の「脱ガラパゴス」への道はあるか

「貿易国家」だからか

これまでの章では、為替相場をめぐる様々な「都市伝説」を紹介しながら、日本人の為替相場についての見方が先進国の中ではかなり独特で、特にここ20年ぐらいで「ガラパゴス化」してきているのではないかという問題提起をしてきました。

私はこの本を執筆するにあたって、財務省や日銀の現役幹部やOB、金融機関などの内外の専門家に「なぜ日本はこれほど為替相場に振り回されるのか」という問いを投げかけてきました。

それへの答えのひとつに「日本は貿易立国だから」というものがありました。確かに日本は第2次大戦後の復興の過程では外需主導、特に米国への輸出にかなり頼ってきました。1ドル＝360円という固定相場が日本に有利に働いたのは確かです。それが1971年の「ニクソン・ショック」で崩壊し、変動相場制になったのを機に「海図なき航海」に入りました。そして85年の「プラザ合意」では米国からの圧力で、輸出企業はさらに円高・ドル安への調整を迫られ、バブル崩壊後もたびたび「超円高」に苦しみました。そして、ここ最近は「超円安」でエネルギー・食料など輸入品の購買力低下に悩まされています。

日本は貿易国家といわれていますが、国内総生産（GDP）に占める輸出は2022年で約17％で、他の先進国に比べて決して高いわけではありません。輸出産業も大企業はかつての超円高に対応するため海外現地生産を進め、為替リスク管理を強化した結果、為替変動が経営の屋台骨を揺るがすことは少なくなっています。それでも「円高↓株安」という連動が続くのは、比重を増す海外事業の外貨建て利益の円換算額が、円安時には増え、円高時には減るからです。企業は決算時に「想定為替レート」というのを決めています。この想定レートから円安になったか円高になったか、つまり外貨建て利益の円建て評価が変動することで、円建て決算の利益が上振れしたり下振れしたりしてしまうのです。実際の業績は変わらなくても為替変動だけで決算の数字が変わってしまうため、「円高↓株安」「円安↓株高」という連動が続いている面もあります。

「円の国際化」進まず

日本は貿易において自国通貨建ての比率が低いという問題もあります。「円の国際化」という言葉を聞いたことがあるでしょうか。日本が1980年代後半からとってきた、円を貿易や金融など国際取引にもっと使ってもらおうという政策です。輸出や輸入の多くはドルなど外貨建てですが、これを円建てにすれば、為替相場の変動リスクをやわらげることができるからです。日本政府は、金融市場の自由化や為替取引の規制緩和などの対策をとりましたが、なかなか円の国際化は進みませんでした。

輸出に占める円建ての比率は2024年上半期で34・8%、輸入については23・5%です。1990年代初頭から輸出は30~40%、輸入は20~25%で大きな変動はありません。

日本と同じく製造業が強く輸出産業の比重が大きいドイツは、ユーロ誕生前は大きな為替変動リスクを抱えていました。しかし、1999年の欧州通貨統合でユーロが誕生したことで、欧州域内の貿易では為替変動リスクがなくなりました。これはドイツにとっては大きな変化です。

日本では政府の掛け声もむなしくなぜ「円の国際化」は進まなかったのでしょうか。国内の金融市場の規制や税制など様々な問題が指摘され、政府も段階的ながらも対策をとりました。それでも円の国際化が進まなかったのは、日本企業が積極的に円を貿易決済の通貨に使う努力をしなかったことも大きいのではないでしょうか。原油など国際商品の価格は基軸通貨の米ドル建てでの取引が主流なのは仕方ありませんが、日本が競争力を持つ輸出製品や、購買力の大きかったころの輸入製品では円建て取引を増やす余地はあったと思います。

日本は2010年に国内総生産（GDP）で中国に抜かれ世界第2位の経済大国の座をゆずりましたが、1980～2000年代初頭までは、世界、特にアジアでの経済力は圧倒的に強く、アジア域内の貿易で円建てを増やす能力は十分にあったのではないでしょうか。

日本の輸出企業の多くは円高への対応で海外現地生産を進め、ドルを中心とした為替管理をすることで為替リスクを回避してきました。ドルなどの外貨建てで海外で工場を作ったり企業買収をして事業展開し、そこであがったドル建ての利益をまた海外で再投資するといったことです。こうしたドル建ての利益を最後に円建ての決算にする際の為替変動リスクは残りますが、かつてのように日本で生産してドル建てで輸出をしていたころに比べると為替変動が事業に及ぼすリスクは減りました。こうした日本企業の円高対応への懸命な努力が、結果的に円建て取引が進まない要因になったのは皮肉なことです。また、最近の円安局面で以前のように日本の輸出が増えなくなったことも指摘されています。

アジア共通通貨も幻に

1997年のアジア通貨危機後は、アジア共通通貨をつくる構想などに日本の財務省やアジア開発銀行（ADB）が興味を示していた時期がありました。ユーロのような通貨統合ではなく、AMU（アジア通貨単位）といったアジアのバスケット通貨をつくってそれに各国通貨を連動させる形でアジア域内の通貨を安定させてはどうかという案もありました。

しかし、アジアは欧州と違い、各国の経済の発展段階や政治体制も異なるため、こうした構想は実現しませんでした。そしてこの20年強でアジアでは中国が急成長し、巨大な国になったため中国の人民元が存在感を増してきています。最近は米中対立など地政学的緊張もあいまってアジア共通通貨構想は影を潜めています。一方、通貨危機の反省から、2国間の通貨スワップ協定をネットワーク化したチェンマイ・イニシアチブなど、東南アジア諸国連合（ASEAN）に日本、中国、韓国を加えた「ASEANプラス3」での地域金融協力は緩やかながら進んできています。

日本経済は長い間、円高に弱い構造とされてきましたが、最近はかえって円安への弱点が目立ってきています。前述したように輸出企業の決算上の利益は円安で上振れするのですが、逆に円安に伴う輸入建て価格の上昇が、資源エネルギーや食料の輸入依存度が高い日本経済に悪影響を及ぼすようになりました。２０１１年の東日本大震災で原子力発電所の稼働が停止し、その後の再稼働が遅れていることも響いています。22年以降は、ウクライナ危機、中東紛争などに伴う原油や穀物など一次産品価格の上昇が日本国民の生活を直撃しました。これにより、円安による購買力の低下が従来より大きなリスクとして意識されるようになったのです。

なぜいつも為替で困るのか

「超円高」「超円安」といった言葉がはやるように、円相場は常に日本に困るように動いているように見えるのはなぜでしょうか。

円高は輸出企業に不利になることはすでに述べましたが、円高・ドル安になるときは、通常は米経済が悪化して金利が下がる局面です。世界第1位の経済大国の米経済が悪化する時は世界的な景気後退に陥ることが多いので、輸出企業は円高と輸出需要の減退に見舞われます。最近、急拡大しているインバウンド需要も同様で、円高で日本への旅行が割高になるのに加えて、世界不況になると所得が減って日本に旅行する余裕のある人も減るでしょう。特に2008年のリーマン危機のように米国発の世界不況の場合は、日本は円高と世界不況のダブルパンチを被ることになります。

今は日本では円安が問題になっていますが、仮に米国経済が軟着陸するという見通しが外れ、米国の景気が後退して世界同時不況に陥り、米国が再び積極的な金融緩和に動くことになれば、かつてのように円高・ドル安に苦しむ場面が起こらないとは限りません。そういう時は世界の需要減退で原油など一次産品価格は下落するので、日本国内では再びデフレ圧力が強まります。円高で為替面では海外旅行料金が安くなっても、日本国内の給料が上がらなくなって、失業が増えれば、海外旅行にいく余裕はなくなりそうです。

逆に円安の時は、米国経済をはじめ世界経済が好況にあることが多いので原油など一次産品価格は上がりやすくなります。円安による購買力低下と一次産品高がダブルでインフレ圧力をもたらすのです。2006～07年の円安時にも同じような動きはあったのですが、日本の国内でまだデフレ圧力が強くインフレ率自体が低かったのでそれほど問題になりませんでした。しかし、今回は異次元緩和で物価がプラス圏内に浮上したところで、外的ショックによるインフレ圧力が強まり、突然2％を超す物価上昇となったため、長くインフレを目にしていなかった国民が驚いたのです。

間違っているのは為替相場か

日本には、間違っているのは為替相場で、その相場水準を戻せば何とかなるのではないかという幻想があるように思います。本当は日本の国内経済に真の問題があるのに、政府も為替相場への対処ばかりを優先してそれを見て見ぬふりをしてきたのではないでしょうか。「内なる敵（Enemy Within）」という言葉がありますが、日本は「円相場の変動」という「外敵」に対処することばかりに血道をあげ、内なる敵に対峙することを怠ってきたようです。

円高でも円安でもいきすぎれば困るので、政府・日銀は市場介入や金融政策で為替相場の変動を抑えようとするのですが、そう簡単に相場をうまく誘導できるものではありません。それでも国民の間には為替相場を安定させてほしいという願望は強いようです。

私は日本が為替相場に振り回され続ける原因の一つには、日本の国内経済が為替相場の変動にうまく対応する柔軟性がないことがあると考えています。すでに述べたように輸出を中心とする日本企業は度重なる円高の危機への対応で、為替変動リスクを回避するために海外現地生産などの対応を進めてきました。その反面、日本国内の産業構造、価格構造、労働市場などは為替相場の変動にあわせた柔軟な調整が起きにくくなっているのではないでしょうか。

例えば今回の円安、原油高で輸入物価が上がりましたが、それに伴って上がった電気代や原燃料代を取引価格に転嫁できないという問題があります。スーパーなどの店頭の食品など日用品の価格は上がっているではないかという声はあると思いますが、下請け企業などは電気代、原燃料、賃金などの上昇分を十分に価格転嫁できていません。為替相場の変動が市場メカニズムを通じて国内価格に反映し、それを市場で解決する構造になっていないということです。これは日本経済・社会のよく言えば安定性、悪くいえば硬直性、閉鎖性という問題です。

円安で輸入価格が上がってインフレになった時に、価格転嫁が進み、賃金も上がれば、物価が上がり、金利も上昇するという循環になります。金利が上がれば円安にも歯止めがかかるはずです。この時に金利上昇や人件費高で立ちいかなくなる企業もありますが、そうした企業が退出し、その企業で働いていた人々が、円滑にほかの職場に移れる労働市場の流動性、柔軟性があれば産業の新陳代謝は進み、経済全体は強くなります。ミクロでみれば、企業が倒産しても、債務の個人保証などで経営者が過度な責任追及を受けず、もう一度起業をして再起できるような柔軟な仕組みづくりや慣行の見直しも必要になります。円安は他の国に比べ少ない対内直接投資を増やす好機でもあります。

日本国内が、市場メカニズムを通じた価格調整、雇用移動、産業の新陳代謝ができる柔軟な経済構造になっていけば、円相場の変動に苦しむ程度は少なくなるでしょう。

市場原理主義には問題はあると思いますが、日本は長い間、市場のいきすぎ、市場の失敗を是正することに熱心で、相場変動が突きつける真の経済の構造問題に手をつけるのを避けてきたのではないでしょうか。

それは為替相場の安定のための市場介入や金融政策だけではなく、他の政策にもみられます。株式市場で株価を支える一連のＰＫＯ（プライス・キーピング・オペレーション）と呼ばれた政策、電気やガソリンの価格引き下げへの補助金、中小企業向けの支援融資などは、緊急避難で一時的にやるならば正当性はあっても、恒常化していけば必要な改革を遅らせる原因になってしまいます。

改革は挫折の歴史

安倍晋三政権が2020年に終わり、安倍氏が22年に凶弾に倒れた後も、「アベノミクス支持か、反アベノミクスか」という議論が未だに続いています。過去の政策を反省することは必要だと思いますが、どうも不毛な議論になっているような気がします。アベノミクスには「3本の矢」がありました。1番目が金融政策、2番目が財政政策、3番目が成長戦略です。どうしても1番目の異次元緩和にばかり焦点が集まりその是非が議論されていますが、問題は2番目、3番目、特に3番目の成長戦略で、先にあげた労働市場改革や産業構造の新陳代謝につながる改革を怠ってきたことが問題なのです。こうした改革は痛みも伴い時間がかかるものなので、その間の時間稼ぎとして金融緩和や財政刺激策が使われればよかったのですが、結局、金融緩和とそれに伴う円安にばかり依存してきてしまったのがアベノミクスの問題だったのではないでしょうか。異次元緩和の当初に、円安・株高が急速に進んだことで、金融緩和さえすればすべての問題が解決するというムードをつくりすぎたのも問題だったと思います。

ただ、これはアベノミクスに限ったことではなく、日本は１９８０年代ごろから同じような失敗を繰り返してきているように思います。

１９８５年のプラザ合意の翌86年4月。中曽根康弘首相の私的諮問機関「国際協調のための経済構造調整研究会」が日本経済への提言をまとめました。この提言は座長の前川春雄元日銀総裁の名前をとって「前川リポート」と呼ばれ、注目を集めました。激化する一方の日米貿易摩擦を解消するために、内需主導の経済成長と国際協調の推進を求めました。このリポートでは、貿易・産業構造の抜本的転換、金融資本市場の自由化・国際化、規制緩和の推進や市場開放など「構造改革」のメニューもあったのですが、結局、その後政府が重点を置いたのは円高不況対策としての、業界保護策、公共投資の拡大、そして日銀の金融緩和など財政・金融政策でした。プラザ合意後に進んだ急激な円高にどう対応するかで日本全体が汲々として、中長期的な経済・産業構造の転換にまでは踏み込めませんでした。そして財政・金融面の刺激策の長期化は80年代末のバブルの遠因になりました。

次の失敗は1996〜98年に橋本龍太郎政権が進めた6大構造改革です。バブル崩壊後の日本経済の立て直しと、21世紀に向けた社会再構築を目指し、①行政改革②財政構造改革③経済構造改革④金融システム改革⑤社会保障構造改革⑥教育改革――の6分野で改革を同時に進めるという意欲的なものでした。

橋本首相は97年9月の所信表明演説で次のように述べています。

「6つの改革は、長い間私たちがなれ親しんできた仕組みや考え方を変えるものであり、一朝一夕にできるものではありません。しかしながら、少子・高齢化も経済のグローバル化も着実に進んでいるのが現実であります。我が国に活力と自信を取り戻すために、改革を先送りすることは許されません。同時に、痛みを乗り越えて改革を進めるには、国民世論の強い支持が不可欠であり、私は、この時期に国政を預かる責任の重大さを肝に銘じ、政策中心の政治を目指します」

30年近くたった今でも通用するような言葉です。

橋本6大改革では、中央省庁の1府12省庁への再編、金融規制改革などの道筋はつけましたが、足元で起きたアジア通貨危機や国内の金融危機による景気後退で財政構造改革などは挫折し、方向転換を余儀なくされました。

21世紀に入ると、2001年から06年にかけて小泉純一郎政権が「聖域なき構造改革」を掲げました。「官から民へ」「構造改革なくして景気回復なし」というスローガンのもとに道路公団や郵政の民営化、銀行の不良債権処理などを進めましたが、日本経済の再生につながる構造改革は道半ばで終わりました。その後、09年には民主党に政権交代し「コンクリートから人へ」などの新機軸を掲げましたが、首相が頻繁に交代し、腰を据えた改革はできませんでした。そして12年末に自民党が政権に復帰し、安倍晋三第2次、菅義偉、岸田文雄、石破茂政権と自公連立政権が続いていますが、24年10月の衆院選では、与党が過半数割れの大敗を喫し、再び日本の政治は変動期を迎えています。

現在の日本経済の最大の構造問題ともいえるのが少子・高齢化、人口減少問題でしょう。これもずいぶん前から予測されながら抜本的な対策がとられてこなかった問題です。こうした構造問題に十分に向き合わずに、市場介入による為替相場の変動への対応や財政・金融面の景気対策に傾きすぎたのがこの50年近くの日本でした。そうした状況は今も変わっていないようです。日本が為替相場に振り回され続ける「ガラパゴス化」を脱するには、相場変動への近視眼的な対応ではなく、日本経済をより柔軟で強靭にする改革を進めることが必要だと思います。

あとがきにかえて

日本と円相場についての話を長々と書いてきましたが、最後に日本の外の話にふれておきましょう。日本が円相場でドタバタを繰り返してきた50年で国際通貨の世界もずいぶんと変わりました。

１９９０年代初頭に東西冷戦が終結し、旧ソ連・東欧など旧共産圏諸国が経済改革を進め、為替取引が自由化され、ロシアの通貨ルーブルなども市場で自由に取引されるようになりました。東欧のポーランド、ハンガリーなどは欧州連合（ＥＵ）に加盟し、99年には欧州通貨統合で共通通貨ユーロが誕生し、大欧州圏が誕生しました。国ごとの経済の格差もあり、通貨は一つになっても財政はばらばらのユーロの実験は長続きしないという懐疑的な見方もありましたが、様々な危機をくぐり抜けユーロはその流通圏を拡大しながら持続しています。

共産主義体制のもとで改革・開放を進めた中国は、2001年の世界貿易機関（WTO）加盟を機に「世界の工場」として急発展をとげ、10年には国内総生産（GDP）で日本を抜き、米国に次ぐ世界第2位の経済大国に躍り出ました。中国の通貨・人民元はまだ為替管理を残しているものの、徐々に存在感を増しています。16年には国際通貨基金（IMF）の特別引き出し権（SDR）の構成通貨にも採用され、ドル、ユーロ、円、ポンドに続く「第5の通貨」になりました（時期尚早だったという反省の声もありますが）。さらにインド、ブラジルといった新興国も急成長をとげ、最近はグローバルサウスとして発言力を増してきました。

08年の米大手証券リーマン・ブラザーズの破綻を契機にした米国発の世界金融危機は、米国の世界のスーパーパワーとしての地位の揺らぎを象徴する出来事でした。2010年代に入ると、米国社会の分裂が深刻になる一方、台頭する中国との対立も激しくなりました。20年に感染が爆発したコロナ禍は、世界の経済活動を麻痺させ、各国は巨額の財政出動と金融緩和を実施しました。コロナ禍がおさまると世界で急激なインフレが起こり、22年2月にはロシアがウクライナへ侵攻、23年10月にはハマスのイスラエル攻撃に端を発した中東の紛争が起こり、世界の分断は深刻さを増しています。

そんな中で通貨の世界も変動にさらされています。主要7カ国（G7）がロシアのウクライナ侵攻を契機に、ロシアに金融制裁を発動し、ドル中心の国際送金システムの国際銀行間通信協会（Swift）から締め出しました。その結果、ロシアは中国と接近し、中国の人民元を貿易取引に使い始めました。中国もドル一極集中の国際決済システムに対抗すべく、人民元建ての国際銀行間決済システム（CIPS）を創設し、一帯一路で協力するアフリカや周辺諸国との間での人民元取引を拡大しています。

「武器化するドル」という言葉が生まれました。米国が国際基軸通貨のドルの地位を利用し、原油など主要商品の取引に使われるドルを、経済制裁などに使い「武器化」しているという見方です。これは対ロシア制裁などで強力な武器になりますが、一方でドル離れを招くリスクもあります。スイスのUBSが2024年7月に公表した世界の40の中央銀行の外貨準備運用担当者への調査では、「(外貨準備の運用にあたって）ドルの武器化を懸念する」という回答が32％と前年の調査から18ポイント上昇しました。

2024年10月下旬、ロシアの地方都市カザンでBRICS首脳会議が開かれました。この会議にはBRICSに加盟する中国、インド、ブラジルなど9カ国をはじめ計36カ国の首脳を含む代表が参加し、プーチン大統領が議長をつとめました。

　ウクライナ侵攻でロシアは国際的に孤立しているようにみられますが、この会議には国連のグテーレス事務総長も参加しました。会議で採択した「カザン宣言」では「違法な制裁を含む非合法な一方的措置が、世界経済や国際貿易に及ぼす悪影響を深く懸念する」と米国などの経済制裁を批判しました。さらに加盟国間の決済での自国通貨の使用拡大を検討することも表明しました。プーチン氏は首脳会議で「ドルは政治的目標を達成するために武器として使われている」と米国を批判しました。

　国際通貨基金（ＩＭＦ）によると、世界の外貨準備に占めるドルの比率は２０２４年3月末で58・9％と、70％超だった２０００年代初頭から大きく低下しています。一方、世界の中央銀行の金購入が22年以降、急拡大しています。基軸通貨ドルの地位がすぐに揺らぐことはなさそうですが、地政学リスクの高まりもあって「脱ドル化」が静かに進行しているようにもみえます。

「ＢＲＩＣＳが国際貿易において新たな通貨でドルを置き換えられる可能性はゼロだ」。トランプ次期米大統領は24年11月、SNSへの投稿で、BRICS諸国に対し脱ドル化を進めれば100％の関税を課すと警告を発しました。米国第一主義のトランプ氏も「ドル離れ」は気になるようです。

BRICS会議と同じころ、ワシントンでは、国際通貨基金（IMF）・世界銀行年次総会でIMFの創設80年の記念行事が開かれていました。第2次大戦後の国際経済秩序を作ったブレトンウッズ体制は変質をとげ、変動相場制移行後は「ブレトンウッズ2」と呼ばれましたが、その時代も終わり、国際通貨体制は新たな局面を迎えつつあるのかもしれません。

世界が激動する中で、日本は相も変わらず、円相場の動きに一喜一憂するドタバタ騒ぎを繰り返しています。ガラパゴス化した為替相場をめぐる議論にそろそろ終止符を打つ時ではないかと思います。為替相場の誘導は国内の経済構造改革の代わりにはなりません。強い経済をつくるには為替を動かすことではなく実体のある改革が必要になります。激動する世界に、日本が向き合ううえでも、円相場をめぐる「都市伝説」から脱し、円相場の呪縛から自らを解き放つ時にきていると思います。

プラザ合意の直後、経済成長と円高で国際金融外交で発言力を増した日本は、当時の国際金融の大きな課題だった中南米債務問題を解決するための「宮沢構想」を提案したり、SDR創出構想を打ち上げたり、積極的な提案をする外交を繰り広げていました。90年代初頭のバブル崩壊後の長期経済停滞で円高阻止の介入など「守り」に入り、世界経済における日本の存在感は下がりました。とはいえ日本にはこれまでの国際金融外交で、蓄積した知見が十分にあるはずです。これをもとに再び世界に日本の構想を発信していく時期にきたのではないでしょうか。

この本の執筆にあたって多くの方々に取材に応じていただきました。本書ではお名前入りでコメントを使用している方々もいますが、多くの方から匿名を条件にお話をうかがいました。この場をお借りして御礼を申し上げます。

２０２４年　初冬

藤井　彰夫

参考文献

浅川雅嗣『通貨・租税外交』（日本経済新聞出版、2020年）
植田和男『ゼロ金利との闘い』（日本経済新聞出版、2005年）
加藤隆俊『円・ドル・元　為替を動かすのは誰か』（東洋経済新報社、2002年）
唐鎌大輔『弱い円の正体　仮面の黒字国・日本』（日本経済新聞出版、2024年）
菊地悠二『円の国際史』（有斐閣、2000年）
行天豊雄『円はどこへ行くのか　体験的為替論』（講談社、1996年）
黒田東彦『財政金融政策の成功と失敗』（日本評論社、2005年）
榊原英資『日本と世界が震えた日　サイバー資本主義の成立』（中央公論新社、2000年）
榊原英資『財務省』（新潮社、2012年）
篠原尚之『リーマンショック　元財務官の回想録』（毎日新聞出版、2018年）
滝田洋一『日米通貨交渉　20年目の真実』（日本経済新聞出版、2006年）
竹下登『証言　保守政権』（読売新聞社、1991年）
中尾武彦『アジア経済はどう変わったか　アジア開発銀行総裁日記』（中央公論新社、2020年）
西野智彦『ドキュメント　通貨失政』（岩波書店、2022年）

本田敬吉、秦忠夫編『柏木雄介の証言　戦後日本の国際金融史』（有斐閣、1998年）
宮澤喜一『戦後政治の証言』（読売新聞社、1991年）
ジョン・B・テイラー、中谷和男訳『テロマネーを封鎖せよ』（日経BP、2007年）
ロバート・ルービン、ジェイコブ・ワイズバーグ『ルービン回顧録』（日本経済新聞出版、2005年）

藤井彰夫　ふじい・あきお

日本経済新聞社論説主幹。１９８５年早稲田大学政治経済学部卒、同年日本経済新聞社入社。経済企画庁、日銀、大蔵省などを担当し、マクロ経済・金融・財政を取材。87〜91年ニューヨーク米州総局、98〜01年ワシントン支局駐在。経済部デスク、経済部編集委員兼論説委員、欧州総局編集委員、ワシントン支局長、Nikkei Asian Review 編集長、上級論説委員、論説委員長などを経て現職。著書に、『G20先進国・新興国のパワーゲーム』『イエレンのFRB』『シン・日本経済入門』『「正義」のバブルと日本経済』（いずれも日本経済新聞出版）など。

日経プレミアシリーズ　524

「ガラパゴス・日本《にほん》」の歪《ゆが》んだ円相場《えんそうば》

二〇二五年一月九日　一刷

著者　藤井彰夫
発行者　中川ヒロミ
発行　株式会社日経ＢＰ
日本経済新聞出版
発売　株式会社日経ＢＰマーケティング
〒一〇五―八三〇八
東京都港区虎ノ門四―三―一二
装幀　ベターデイズ
組版　朝日メディアインターナショナル
印刷・製本　中央精版印刷株式会社

ISBN 978-4-296-12133-5　Printed in Japan
ＪＡＳＲＡＣ 出 ２４１２０１３－６８Ｐ

日経プレミアシリーズ 504

「正義」のバブルと日本経済

藤井彰夫

「地価を下げることこそ正しい」「銀行救済に税金投入はけしからん」「弱い中小企業は皆救うべきだ」「堕落した官僚は懲らしめろ」「金融政策はあらゆる手段を」「高齢者は弱者、皆で助けよう」――何が「正義」とされ、その結果どうなったか。日本経済長期停滞の真因を新たな視点から探る「物語」（ナラティブ）の日本経済論。

日経プレミアシリーズ 515

弱い円の正体 仮面の黒字国・日本

唐鎌大輔

経常収支黒字国や対外純資産国というステータスは一見して円の強さを担保する「仮面」のようなもので、「正体」としてはCFが流出していたり、黒字にもかかわらず外貨のまま戻ってこなくなったりしている実情がある。統計上の数字を見るだけでは見えてこない「弱い円の正体」に迫った一冊である。

日経プレミアシリーズ 519

株式投資2025 波乱必至のマーケットを緊急点検

前田昌孝

新NISAで投資を始めたばかりの人たちが経験した日経平均4万円超えと過去最大下げ幅というアップダウン。政治も経済も、日本も世界も、一大転換期に。期待と不安が交錯する2025年の投資トピックを取材歴40年のベテラン証券記者が、独自の取材とデータ分析をもとに解説。株価を上げる政権と下げる政権の特徴など、2025年の投資戦略を考える必読書。